Herr Uhden

und

die kurhessische Verfassung.

Eine Appellation

an

die Hohe Deutsche Bundesversammlung.

„A papa male informato ad papam melius informandum."

Leipzig,
Verlag von Veit & Comp.
1859.

Herr Uhden

und

die kurhessische Verfassung.

Herr Uhden

und

die kurhessische Verfassung.

Eine Appellation

an

die Hohe Deutsche Bundesversammlung.

„A papa male informato ad papam melius informandum."

Leipzig,
Verlag von Veit & Comp.
1859.

Inhalt.

Wer die Bauart und Solidität eines Gebäudes prüfen will, muß zuerst seine Fundamente untersuchen.

Die Grundlage des in der kurhessischen Angelegenheit eingeleiteten Verfahrens bilden die dem hohen Bundestage im Januar 1852 vorgelegten Denkschriften des österreichischen und preußischen Commissars. Zur Bildung eines einigermaßen sichern Urtheils über die hessische Verfassungsfrage erscheint es daher nothwendig, den Inhalt jener Denkschriften etwas näher in's Auge zu fassen, was bisher von keiner Seite, nicht einmal in den Berichten des Bundestags-Ausschusses, geschehen ist.

Entstehungsgeschichte der Denkschriften der Commissare.

In der Convention von Olmütz, in welcher die preußische Regierung im November 1850 den Widerstand gegen die „Bundes-Execution" in Kurhessen aufgab, war unter Anderm die Ernennung von Commissarien von Seiten der damals in Frankfurt vertretenen Bundesglieder, so wie von Seiten Preußen's und seiner Verbündeten zum Zweck der Herbeiführung eines Einverständnisses über die bezüglich Kurhessen's gemeinschaftlich zu treffenden Maßregeln in Aussicht gestellt worden.

Von preußischer Seite wurde in Folge dessen General von Peucker nach Cassel abgeordnet. Derselbe versuchte, anfänglich in Uebereinstimmung mit den Intentionen seiner Regierung, durch eine vermittelnde Thätigkeit die Wiederherstellung geordneter Zustände in Kurhessen herbeizuführen. Er stand hierbei in dem, wie sich später gezeigt hat, freilich irrigen Glauben, in Gemäßheit der geschlossenen Uebereinkunft von Seiten Preußen's und seiner Verbündeten zur gemeinsamen Thätigkeit mit dem österreichischen Commissar, Graf von Leiningen, autorisirt zu sein. Dieser nahm aber als „Civilcommissar des Bundes" die ausschließliche Befugniß zur Fortsetzung des eingeleiteten Verfahrens in Anspruch. Er desavouirte die Handlungen des preußischen Commissars, indem er denselben gewissermaßen planmäßig ignorirte.

Die in wohlwollender Absicht auf Ausgleichung der bestehenden Gegensätze gerichteten Schritte des Generals von Peucker fanden auch nicht den Beifall des kurhessischen Ministeriums. Sie erfreuten sich nach dem Maße der damals vom November 1850 bis Mai 1851 Schritt für Schritt bis zum Wiedereintritt in den Bundestag zurückweichenden Politik der preußischen Regierung immer weniger der Sympathien seiner eigenen Committentin. Im März 1851 wurde er abgerufen. An seine Stelle trat der Staatsminister a. D. Uhden, ein Freund des hessischen Ministers Hassenpflug.

Von dem Augenblicke an, in welchem Uhden als preußischer Commissar fungirte, stand nichts mehr der gemeinschaftlichen Action mit dem Bundescommissar von Leiningen im Wege. Das kurfürstliche Ministerium machte sofort durch Ausschreiben vom 29. März 1851 bekannt, daß die Genannten sich „fortan gemeinschaftlich als Commissare des deutschen Bundes der in Folge des Vollstreckungsverfahrens weiter nothwendigen Maßnahmen in Kurhessen unterziehen würden," obgleich damals ein von Preußen und seinen Verbündeten anerkanntes Organ des Bundes nicht existirte und Uhden so wenig von den zu Frankfurt tagenden Bundesregierungen, als von den mit Preußen verbündeten Staaten irgend einen Auftrag erhalten hatte, sondern lediglich preußischer Commissar war.

Mit dieser Unwahrheit wurde Staatsminister Uhden in seine neue Stellung eingeführt. Gleicher Art war die Quelle, aus welcher er schöpfte; gleicher Art die Grundlage und der Erfolg seiner Thätigkeit.

Von anderer Seite*) ist bereits geschildert, wie unter der Autorität

*) „Die provisorischen Gesetze in Kurhessen. Braunschweig. 1859."

der beiden Commissare von Leiningen und Uhden die Verfassung in Kurhessen nicht nur factisch außer Wirksamkeit gesetzt, sondern auch durch eine Reihe „mit Zustimmung" oder „auf Veranlassung" jener Herren erlassener Verordnungen und „provisorischer" Gesetze die wesentlichen Vorschriften der Verfassung aufgehoben und abgeändert und die Grundlagen der Verwaltung, Rechtspflege und des Staatsdienstes umgestaltet wurden. Es geschah dies unter dem Vorwande, daß die Commissare von der Bundesversammlung „dazu" bevollmächtigt seien. Diese Angabe war eine Unwahrheit. Denn die beiden Commissare hatten keine andere Vollmacht von Seiten des Bundes, als die erst durch Bundesbeschluß vom 11. Juni 1851 ihren Regierungen für die Zeit von sechs Wochen übertragene „Leitung und Vorbereitung der hessischen Angelegenheit zu ihrer definitiven Erledigung." Der Bundesversammlung selbst steht die höchste gesetzgebende Gewalt in den Bundesstaaten nicht zu. Sie konnte weder diese Gewalt auf Commissare der österreichischen und preußischen Regierung übertragen, noch hat sie dies in Wirklichkeit jemals gethan.

Die Thätigkeit der Commissare fand ihren Abschluß in einem Berichte über die kurhessischen Verfassungswirren, welcher in zwei Denkschriften vom 18. und 20. September 1851 enthalten ist.

Diese Denkschriften sind vom Staatsminister Uhden verfaßt. Graf von Leiningen hat sie mit unterzeichnet; doch eben nur unterzeichnet. Sie wurden der Bundesversammlung in deren Sitzung vom 7. Januar 1852 von der österreichischen und preußischen Regierung vorgelegt.

Auf dieselben wurde der Bundesbeschluß vom 27. März 1852 gebaut, welcher die kurhessische Verfassung vom 5. Januar 1831 für unvereinbar mit den Grundgesetzen des Bundes erklärt, und von dem gegenwärtig behauptet wird, er habe diese Verfassung nicht nur außer Wirksamkeit setzen, sondern sogar aufheben wollen — und können.

Ausgesprochene Absicht der österreichischen und preußischen Regierung war es, daß das Verfahren der von ihnen bestellten Commissare „in gewissem Maße den Charakter richterlicher Erörterung" an sich tragen und dieser Charakter sich „in dem offenen Streben nach Unparteilichkeit, in der Fürsorge für wirkliche Interessen des Landes im Gegensatze zu willkürlichen Handlungen der Regierung" aussprechen müsse. Hierbei wurde vorausgesetzt, daß die Commissare sich gewissermaßen mit Notabeln des Landes umgeben und von diesen eine unbefangene Kenntniß der Zustände und Bedürfnisse des Landes erlangen würden.

Es ist Thatsache, daß die Commissare nur mit den Mitgliedern des Ministeriums Hassenpflug und seinen entschiedensten Anhängern sich in Einvernehmen gesetzt und verkehrt haben, namentlich und vorzugsweise mit dem bekannten Staatsrath Scheffer, welcher, Hassenpflug's Nachfolger im Jahre 1837 und 1855, von diesem selbst wegen der Uebertreibung seines Systems bitter getadelt worden und im November 1850 als hessischer Commissar an der Spitze der österreichischen und baierischen Executionstruppen in Kurhessen eingezogen war. Aus dessen Munde und Feder empfing Uhden den größten Theil des Materials zu den von ihm verfaßten Denkschriften. Scheffer's Geist leuchtet aus jeder Zeile derselben hervor.

Thatsächliche Irrthümer der Denkschriften.

Die Irrthümer, welche die Uhden'sche Denkschrift in Ansehung der historischen Ausbildung der Monarchie und der Stellung der Landstände in Deutschland im Allgemeinen sich hat zu Schulden kommen lassen, haben bereits in dem Gutachten des Bundes-Ausschusses vom 6. März 1852 eine gebührende Zurückweisung gefunden.

Die Unrichtigkeiten aber, welche der preußische Commissar seiner Regierung und der Bundesversammlung rücksichtlich der kurhessischen Verfassungsgeschichte vorgetragen hat, konnten begreiflicher Weise vom Bundesausschusse nicht mit gleicher Leichtigkeit erkannt und aufgedeckt werden. Und doch enthält die Denkschrift in ihrer historischen Darstellung der Vorgänge in Hessen, namentlich in den Jahren 1848 und 1849, ein Gewebe von Entstellungen und Uebertreibungen.

Schritt für Schritt die thatsächlichen Unrichtigkeiten des Staatsministers Uhden zu verfolgen und nachzuweisen, würde zu weit führen.

Man begnügt sich hier, an einzelnen Beispielen die Art, wie Herr Uhden mit der Wahrheit verfährt, zu zeigen.

Daß auch Kurhessen von der Bewegung des Jahres 1848 ergriffen wurde, daß, zumal in den ersten Monaten nach der Februar-Revolution, Unordnungen und gesetzwidrige Versuche vorkamen, ist wahr. Aber — Dank sei es der festen Haltung der Regierung und Stände — nirgends steigerten sich dieselben zum Aufruhr oder zu der zunehmenden „Revolution auf der Straße," von welcher Herr Uhden spricht.

Die Denkschrift selbst weiß nur einen Fall anzugeben, in welchem am 9. April 1848 eine Volksmenge sich bewaffnete und eine drohende Haltung annahm. Die Veranlassung hierzu gab nach der eigenen Darstellung der Denkschrift, daß „einzelne Gardes du Corps in der Nähe ihrer Caserne ohne Befehl ihrer Vorgesetzten mit scharfen Klingen intervenirten" und zwar gegen einen wehrlosen Haufen Menschen, um eine vermuthete Katzenmusik abzuwenden. Auch in diesem Falle wurde durch die vom Kurfürsten genehmigte Entfernung des Corps jeder Conflikt vermieden. Uebrigens wurden nach erfolgter Untersuchung jene „Intervenienten" kriegsrechtlich bestraft.

Hieran knüpft Uhden die weitere Bemerkung: „Fortan war die Souveränetät des Volkswillens das leitende Princip und zwar, wie damals überall, des auf der Straße revolutionirenden Pöbels." Auch dies ist eine Unwahrheit. Denn bekanntlich trat das Ministerium in Einklang mit der Mehrheit der Stände sowohl im Innern, als in der äußern Politik, z. B. rücksichtlich der Stellung der deutschen Centralgewalt, des Beitritts zum Dreikönigsbündniß 2c. den in Vereinen sich kund gebenden Bestrebungen der demokratischen Partei mit erfolgreicher Kraft entgegen. Niemals ließen sich Regierung und Stände bei den durch die damaligen Zeitverhältnisse gebotenen Aenderungen der Gesetzgebung von dem ordnungsmäßigen Wege der Verfassung ablenken. Die Ständeversammlung namentlich gab ihren festen Entschluß des energischen Widerstandes gegen Ungesetzlichkeiten aller Art zu erkennen. Einstimmig genehmigte sie in ihrer Sitzung vom 29. April 1848 — also gerade in der Zeit der größten Bewegung — einen in ihrer Mitte gestellten Antrag, der die lebhafteste Mißbilligung der fortwährenden Aufregung und jeder gesetzlichen Unordnung aussprach und die Staatsregierung unter dem Ausdruck des „vollsten Vertrauens in ihre Absichten und Mittel“ sowie der Zusicherung der nachdrücklichsten Unterstützung aufforderte, der „Gesetzlosigkeit mit allem Nachdrucke entgegenzutreten“.

Herr Uhden stellt ferner die Behauptung auf, daß seit April 1848 „der revolutionären Partei die Majorität in der Ständeversammlung gesichert“ gewesen sei. Auch dies ist eine Unwahrheit. Es ist im Gegentheil notorisch, daß bis zum Eintritt des Ministeriums Hassenpflug die gemäßigte constitutionelle Partei eine compacte Majorität von ungefähr ²/₃ der Stimmen hatte, und, von der demokratischen Minderheit auf das heftigste angefeindet, mit Entschlossenheit das Ministerium unterstützte.

Es ist zwar wahr, daß in jener aufgeregten Zeit in der Ständeversammlung ein Antrag gestellt worden ist, die Bezeichnungen „Landesherr“, „von Gottes Gnaden“ und „souverainer Landgraf“ in den zu erlassenden Gesetzen außer Gebrauch zu bringen. Weshalb erzählt aber Herr Uhden dies „zur Charakteristik des Geistes“ der Ständeversammlung, da jener Antrag so wenig Anklang fand, daß ihm die Erwägung versagt und er gar nicht berathen wurde? Und weshalb fügt er die jedes Grundes entbehrende Bemerkung bei, man habe „noch vorläufig“ diese Bezeichnungen beibehalten, obgleich nichts auf eine Wiederholung ähnlicher Anträge hinwies?

Und wenn Herr Uhden weiter zur Charakteristik der Ständeversammlung anführt: „Ganz unverschleierte Angriffe auf die Person des Landesherrn wiederholten und steigerten sich immer mehr und mehr“, so fehlt es hierfür nicht allein an jeder Begründung, sondern das Gegentheil läßt sich thatsächlich nachweisen. So die Thatsache, daß auf den Landtagen von 1848 und 1849 gestellte Anträge, mit Rücksicht auf die damalige traurige Finanzlage des Staates eine Verringerung des landesherrlichen Einkommens — welches neben dem Bezug von etwa 360,000 Thlr. aus den Einkünften des Hausschatzes noch in einer Hofdotation von 300,000 Thlr. besteht — wenigstens für ein Jahr zu veranlassen, mit überwiegender Stimmenmehrheit abgelehnt wurden obwohl in den deshalbigen Verträgen von 1831 ausdrücklich vorbehalten worden war, daß bei eintretenden Calamitäten und andern ungewöhnlichen, eine Verminderung der Staatseinkünfte zur Folge habenden Ereignissen eine verhältnißmäßige Minderung der Dotationssumme stattzufinden habe, obwohl auch die in diesen Verträgen von dem Landesherrn ausdrücklich übernommene Verbindlichkeit der gehörigen Instandhaltung der landesherrlichen Gebäude, Schlösser rc. von ihm notorisch theilweise gar nicht erfüllt worden war.

Ebensowenig Anklang fand ein Antrag, das unbedingte Widerspruchsrecht der Regierung zu entziehen und sie auf ein suspensives Veto zu beschränken.

Nicht minder unrichtig ist die Behauptung: „ein der Verfassung und dem von der Partei so hoch gepriesenen Staatsdienstgesetz schnurstracks zuwiderlaufender Antrag, alle mißliebigen Beamte zur Disposition zu stellen, habe den Beifall und die Zustimmung der Versammlung“ erhalten. Allerdings kamen Fälle vor, in welchen es wünschenswerth erschien, zur Beruhigung der Bevölkerung einzelne Beamte, die sich besonders verhaßt gemacht hatten, zu versetzen oder zu entfernen. Ein in dieser Hinsicht gestellter Antrag war jedoch unter Bezugnahme auf den §. 56 der Verfassungs-Urkunde von 1831 (wonach kein Staatsdiener ohne Urtheil und Recht abgesetzt, oder entlassen, oder demselben sein rechtmäßiges Diensteinkommen entzogen oder vermindert werden soll) zugleich ausdrücklich darauf gerichtet, daß die Regierung wegen der hierzu nöthigen Mittel dem Landtage alsbald eine Vorlage machen möge. In der Sitzung vom 5. Mai 1848 beschloß hierauf die Ständeversammlung „der Staatsregierung die Bereitwilligkeit auszusprechen, einen außerordentlichen Credit zu eröffnen, sofern solcher für nöthig gehalten würde, um damit einzelnen Staatsdienern, welche weder auf ihren früheren Stellen bleiben, noch auch augenblicklich anderweit verwendet werden könnten, ihren bisherigen Gehalt zu gewähren,“ im vollsten Einklang mit der Verfassung und dem Staatsdienst-Gesetze.

Abgesehen hiervon nimmt sich diese Incrimination sonderbar aus in dem Munde eines Mannes, unter „dessen Zustimmung“ das provisorische Staatsdienstgesetz vom 14. Juli 1851 erlassen wurde, durch dessen §. 51 die Staatsregierung das Recht erhalten hat, Staatsdiener, deren Stellen in Folge von Organisations-Veränderungen hinwegfallen, mit 3/4 ihres Gehalts und der Verpflichtung, auf Erfordern mäßige Hülfe im Staatsdienste zu leisten, in Disponibilität zu setzen! Während das Märzministerium im Ganzen nur zwei „mißliebig" gewordene Beamte mit Belassung ihres vollen Gehaltes disponibel stellte, ward diese Maßregel von Hassenpflug gegen mindestens 30 Staatsdiener, die dadurch 1/4 ihres Gehaltes verloren, in Ausführung gebracht.

Phrasen ohne Inhalt, welche nur deshalb der thatsächlichen Widerlegung sich entziehen, sind es, wenn Herr Uhden fortfährt: „Alles, was dem Volkswillen zuwider war, sollte und mußte beseitigt werden, unbekümmert, ob es dem positiven oder dem höheren Rechte zuwider war." Sofort im folgenden Satze widerlegt er dies selbst durch die Behauptung: „Mit Sturmschritt würde man deshalb auch alle noch in der Verfassung enthaltenen conservativen Elemente beseitigt haben, wenn nicht der §. 153 der Verfassungs-Urkunde (Erforderniß der Einstimmigkeit bei Verfassungs-Aenderungen) eine formelle Schranke gesetzt hätte," durch deren Wahrung also die Achtung vor dem positiven Rechte selbst im Sturme 1848 sich documentirt hat. Die in dem letztern Ausspruche enthaltene Verdächtigung des Gelüstes der Stände nach tiefer eingreifenden Umwälzungen ist aber nicht nur aus der Luft gegriffen, da Thatsachen niemals ein solches Streben an den Tag gelegt haben, sondern geradezu unwahr, weil die constitutionelle Kammermehrheit zu allen von ihr beabsichtigten Neuerungen von demokratischer Färbung auf den Beitritt der Minderheit sicher hätte rechnen und daher Einhelligkeit der Stimmen mit Leichtigkeit herbeiführen können.

Es kann ferner die Uhden'sche Insinuation, daß 4 neue Gesetze im Jahre 1848 und das Wahlgesetz von 1849 „angeblich" mit Stimmeneinhelligkeit angenommen seien, während dies eine unbezweifelt protokollmäßig feststehende Thatsache ist, nicht ungerügt gelassen werden.

Unwahr ist ferner, daß die nach dem Wahlgesetze von 1849 zusammen berufenen Ständeversammlungen „gar keine legislatorischen Arbeiten mehr zu Stande gebracht haben." Bei dieser Bemerkung scheint Herr Uhden nicht einmal Herrn Hassenpflug zu Rathe gezogen, oder dieser vergessen zu haben, daß er selbst mehrere Gesetze, (s. unten), welche von den Ständen unter dem vorherigen Ministerium berathen waren, zur Publikation gebracht hat.

Unwahr ist die weitere Behauptung: „Ebenso wenig konnte ein Haushaltungs-Etat mit ihnen vereinbart werden." Denn die Stände waren in der Berathung des im December 1849 ihnen vorgelegten Budgets begriffen, als Hassenpflug im Februar 1850 in das Ministerium eintrat. Da derselbe das Budget seiner Vorgänger als unrichtig angriff, wurde dessen Berathung vorläufig ausgesetzt, jedoch mit verdoppelter Anstrengung aufgenommen, als erklärt wurde, das Budget solle nicht als zurückgenommen gelten. Die kurz darauf eintretende Auflösung der Stände verhinderte einen Beschluß derselben. Der neuen Versammlung legte Hassenpflug im Widerspruche mit dem Bundesrechte und der Verfassung kein Budget vor.

Unwahr ist, daß die „allerliberalsten Ministerien in den Finanzfragen in der Minorität waren." Abgelehnt wurde nur ein Gesetzvorschlag über die Erhebung der Branntweinsteuer wegen technischer Einwendungen gegen das beabsichtigte Controle-Verfahren, vorzugsweise in Folge der Abstimmung der in der Kammer befindlichen Gutsbesitzer. Ein Gesetzentwurf wegen Verwerthung der Forstnutzungen wurde von den Ständen wesentlich modificirt, jedoch von dem inzwischen eingetretenen Ministerium Hassenpflug in dieser modificirten Fassung am 14. März 1850 publicirt.

Unwahr ist nicht minder die Behauptung: „Der Zwiespalt steigerte sich immer mehr und mehr," da, wie schon bemerkt, das Ministerium in allen wichtigen Fragen der innern und äußern Politik notorisch mit den Ständen im vollsten Einklange stand und handelte.

Unwahr ist ferner die Bemerkung, daß durch die Einrichtung der Bezirksräthe „Volksgewalten ins Leben gerufen worden seien, die dem monarchischen Princip diametral entgegen waren, der Regierung eine ordnungsmäßige Verwaltung unmöglich machten und sie außer Stand setzten, auch ihren bundesmäßigen Verpflichtungen nachzukommen." Unwahr ist diese Anmerkung, abgesehen von ihrer gänzlichen Grundlosigkeit und Uebertreibung in allen übrigen Punkten, schon deshalb, weil dabei das entscheidende Moment verschwiegen ist, daß das Ministerium des Innern in allen Verwaltungs-Angelegenheiten über den Bezirksräthen als höchste Instanz zu entscheiden hatte. Auffallen muß jene Bemerkung um so mehr, als das Ministerium Hassenpflug selbst das auf dem Landtage von 1849 berathene und mit diesen vereinbarte Gesetz über die Wahlen der Bezirksräthe am 14. März 1850 publicirt hat.

Unwahr ist die Behauptung, daß man die Geschworenen „zur Zeit fast nur aus dem Proletariat gewählt habe, die darin ein sehr lohnendes Geschäft fanden, indem ihnen 2 Thlr. Tagegelder gezahlt wurden." Denn nach Gesetz vom 31. October 1848 hatte der eben erwähnte Bezirksrath aus der vom Ortsvorstande gebildeten Liste der unbescholtenen, über 30 Jahre alten Ortsbürger die Hauptliste der Geschworenen (einen auf 400 Seelen) aufzustellen und gewissenhaft darauf zu sehen, daß nur „durch geistige Fähigkeit, Ehrenhaftigkeit und Charakterfestigkeit" geeignete Personen darin aufgenommen würden. Nach eingezogenen Erkundigungen haben niemals Proletarier in den hessischen Schwurgerichten gesessen. — Das angeführte Gesetz bestimmte ferner im §. 57 für die Geschworenen außerhalb ihres Wohnortes nur 20 Sgr. Tagegeld, welche notorisch für die nothwendigsten Zehrungskosten nicht zureichten. Am Wohnorte erhielten die Geschworenen keine Vergütung für Zeitverlust, so daß jenes Amt thatsächlich als eine große Last betrachtet und möglichst auf vermögende Personen gewälzt wurde.

Unwahr ist nicht weniger die Angabe, die Competenz der Schwurgerichte sei so ausgedehnt, „daß eine gute und prompte Justiz nicht zu administriren war," denn thatsächlich hat die Handhabung der Straf-Justiz seit Einführung des mündlichen Verfahrens an Schnelligkeit bedeutend zugenommen und niemals wegen Geschäftsüberhäufung ein Aufschub von schwurgerichtlichen Fällen stattgefunden.

Unwahr ist die Angabe: „daß „jeder Unterthan, welcher sich über irgend eine Verwaltungsmaßregel beschwert glaubte, zur Aufstellung der gerichtlichen Klage für berechtigt erklärt worden sei. So sei es denn vorgekommen, daß über verweigerte Concessionen zum Betriebe eines Gewerbes, über Rekrutenaushebungen u. s. w. gerichtliche Klagen erhoben seien." Denn von allen hessischen Gerichten ist stets der Grundsatz festgehalten worden, daß der Rechtsweg nur wegen Verletzung von Privatrechten statthaft sei. In Fällen von der Art, welche Herr Uhden besonders hervorgehoben hat, ist von den Gerichten ausdrücklich die Unzulässigkeit einer gerichtlichen Klage ausgesprochen worden. Stets ist an dem Grundsatze festgehalten worden, daß den Gerichten kein Urtheil rücksichtlich der Nothwendigkeit und Zweckmäßigkeit von Verwaltungsmaßregeln zustehe. So wurden erhobene Klagen wegen Verhinderung der Herausgabe einer Zeitschrift durch Verweigerung der Censur, wegen Nichtzulassung zu der gesetzlichen Prüfung behufs Ertheilung von Unterricht in einer Privatschule, wegen Vertheilung der Landwegebaulast u. s. w. von den Gerichten wegen ihrer Incompetenz zurückgewiesen. Dagegen wurde allerdings in einem Falle eine Klage auf Befreiung vom Militärdienste auf Grund der damals gesetzlich bestehenden Exemtion der Söhne schriftsässiger Personen zur gerichtlichen Beurtheilung zugelassen.*) Dies steht in Uebereinstimmung selbst mit Stahl's (Staatslehre 3. Aufl. S. 621) Grundsätzen, welcher den Standesherren, deren Söhne durch das Gesetz für nicht conscriptionspflichtig erklärt sind, die Geltendmachung dieser Exemtion im Rechtswege vorbehält.

Bedarf es noch weiterer Beispiele zur Charakterisirung der Zuverlässigkeit der Uhden'schen Darstellungsweise? Bedarf es einer weiteren Nachweisung der Unwahrheit solcher Behauptungen, welche, wie die folgenden, den Stempel ihrer Unglaubwürdigkeit an der Stirn tragen?

„Alle Verfügungen und Annahmen der Behörden, die Staatsministerien mit eingeschlossen, haben nur die Bedeutung eines Gutachtens Sachverständiger, woran die Gerichte auf keine Weise gebunden waren." — Es „waren die Beamten von dem Landesherrn und seinen

---

*) Vgl. Pfeiffer, prakt. Ausf. Bd. V. S. 292.

Ministern völlig unabhängig" — — — „desto abhängiger waren die Beamten von der Ständeversammlung, von der sie jeden Augenblick befürchten mußten, wegen Verfassungs-Verletzung zur Verantwortung und Untersuchung gezogen zu werden." (Beiläufig bemerkt haben die Stände bis zum Jahre 1850 niemals gegen einen Staatsbeamten, Minister Hassenpflug ausgenommen, von ihrem Rechte, der gerichtlichen Anklage, Gebrauch gemacht). „Bei jedem Conflict des Landesherren oder seiner Minister mit den Ständen stand daher jener verlassen da." — — „Die Souverainetät war durch die erwähnten Bestimmungen auf die Ständeversammlung mehr oder weniger übertragen." — — In Ansehung des Gerichtsverfahrens, namentlich der Aussprüche der Geschworenen, heißt es: „Dem Rechte wurde wahrhaft Hohn gesprochen." Es mußte „die öffentliche Verhandlung von Fällen, in welchen Herabwürdigung der Obrigkeit u. dgl. Gegenstand der Anklage war, nur zu mehrerer Herabwürdigung und Verhöhnung des durch das angeschuldigte Verbrechen Angegriffenen mit schamlosem Eifer ausgebeutete Gelegenheit geben." — — — Die freie Wahl des Vertheidigers machte es möglich, daß der Angeklagte „die unwissendsten und nichtswürdigsten Subjecte zu Rechtsbeiständen wählen konnte" u. s. w.

In diesem Style, von welchem hier nur einige Proben gegeben sind, schildert die Denkschrift die kurhessischen Verhältnisse. Der Bundesausschuß und Bundestag waren kaum in der Lage, das Wahre von dem Unwahren in dem Berichte ihrer Commissare zu unterscheiden, welche ihre, zum Theil haarsträubenden Mittheilungen in dem Gewande selbst ermittelter Thatsachen vortrugen. Es ist daher den Bundesbehörden nicht zu verargen, wenn sie, getäuscht durch die Schilderungen der beiden Commissare über die wahre Sachlage, die Vorstellung einer gänzlichen Verwirrung aller Verhältnisse im staatlichen Leben des Kurstaats in sich aufnahmen.

Vorgearbeitet war der Darstellung der Commissare bereits durch eine Denkschrift des hessischen Ministeriums vom 19. September 1850. Auf diese Denkschrift nehmen dieselben überall als auf eine lautere

Quelle der Wahrheit Bezug, obgleich deren Inhalt bereits gründlich widerlegt und ihre Unrichtigkeiten sowie Entstellungen öffentlich nachgewiesen waren.*)

Die „Bundesgesetzwidrigkeit" der kurhessischen Verfassung.

Die überwiegende Mehrzahl der deutschen Staaten sind Monarchien. Insofern ist das Princip der meisten Landesverfassungen das monarchische.

Demzufolge ist in dem Oberhaupte des Staats die gesammte Staatsgewalt vereinigt.

Andererseits sind die meisten deutschen Souveräne in der Ausübung der ihnen zustehenden Gewalt nicht unbeschränkt. Bestimmte Rechte vermögen sie loyaler Weise nicht anders auszuüben, als unter Mitwirkung der Volksvertretung; in Bezug auf die Ausübung dieser bestimmten Rechte sind sie an solche Mitwirkung gebunden. Diese Mitwirkung, welche nach dem positiven Staatsrechte der einzelnen Länder größer oder geringer sein kann, steht im vollen Einklange mit dem „monarchischen Princip." Dies wird von wissenschaftlichen Autoritäten nirgends bestritten. Auch u. A. nicht von Stahl, welcher nur gegen eine zu weit gehende Gebundenheit des Monarchen eifert, ein System, welches er „Parlamentarismus" genannt hat. Man braucht demselben auch hierbei in so weit nicht zu widersprechen, als das heutige deutsche Verfassungsrecht, wie es sich historisch entwickelt hat und aus einer Vergleichung deutscher Verfassungen sich ergiebt, keine solche Ausdehnung der Rechte der Volksvertretung kennt, wie sie Stahl unter dem Namen des „parlamentarischen Princips" verwirft, z. B. Steuerverweigerungsrecht, Ausschluß des königlichen Veto, Entscheidung der Kammern über die Besetzung der Ministerien. Auf der andern Seite widerspricht das deutsche Verfassungsrecht einer Einschränkung des ständischen Mit-

*) Zur Würdigung der Denkschrift der kurfürstlich hessischen Staatsregierung, Cassel 1850.

wirkungsrechts, wodurch dasselbe illusorisch und jene Gebundenheit in der Ausübung bestimmter Rechte der Staatsgewalt zur Ungebundenheit derselben wird.

Die Grundgesetze des Bundes stimmen damit überein. Sie begrenzen die Entwickelung des Verfassungsrechts in den einzelnen monarchischen Staaten nicht weiter, als daß dieselben „Monarchien" bleiben und daß dabei „Landstände" bestehen sollen, an deren Mitwirkung der Träger der Staatsgewalt in der Ausübung bestimmter (mehr oder weniger ausgedehnter) Rechte gebunden ist. Der Artikel 57 der Wiener Schluß-Acte constatirt nur ein allgemeines und zwar im Wesentlichen negatives Princip, durch welches die Montesquieu'sche Theorie von der Theilung der Gewalten ausgeschlossen wird. Positive Bestimmungen, bei welchen Rechten der Staatsgewalt die Ausübung an ständische Mitwirkung gebunden sein soll, finden sich in der Bundesgesetzgebung nicht.

Eine doctrinäre Richtung hat sich jedoch des „monarchischen Princips" bemächtigt, um dasselbe weit über die Grenzen des deutschen Verfassungs- und Bundesrechts zu ihren Zwecken auszubeuten.

Mit seltener Meisterschaft ist dasselbe von Herrn Uhden in der Denkschrift gehandhabt worden. Sehen wir, was unter seinen Händen aus dem monarchischen Princip wird.

Nach ihm waren seit Auflösung des deutschen Reichs „die Landesherren völlig unumschränkte Herrscher geworden, deren Unterthanen sich zwar in verschiedene, in sich berechtigte Stände gliederten, denen wohl bürgerliche Rechte in Beziehung auf den Schutz ihrer Personen und ihres Eigenthums, aber gar keine, oder doch in einzelnen Staaten nur sehr geringe politische Rechte zustanden." Im Art. 13 der Bundesacte wurde zwar allen Bundesstaaten eine landständische Verfassung verheißen. Damit konnte aber seiner Meinung nach nicht einmal eine „Wiederherstellung der früher bestandenen landständischen Verfassungen mit allen ihren alten Gerechtsamen" gemeint sein. „Das hätte im offenbaren Widerspruche mit dem sich entwickelt habenden monarchischen Princip gestanden. Solche Berechtigungen und Handhabungen waren der Idee und Ausführung nach nur denkbar, so lange in den Landeshoheiten noch mehrere Gewalthaber von nur quantitativem Unterschied waren, nicht aber in Monarchien, wo alle nicht vom Staatsoberhaupte ausfließenden, alle eigenen Machtberechtigungen der Idee nach Widersprüche sind und der Ausführung nach nur zum Umsturze gereichen können" — — — „Es ist außer Zweifel, daß nicht die alten Landstände, die aus und zu eigenen Rechten tagten, sondern Repräsentativstände, eine Volksrepräsentation, eingeführt werden sollten." Er folgert daher, daß „der Fürst die oberste leitende und bildende Macht des Staates ist, daß ihm allein die oberste Entschließung, der letzte entscheidende Wille zusteht, und daß ihm hiernach das Recht und die Macht, selbst zu regieren, auf keine Weise verkümmert werden darf."

In diesen Grundsätzen und dem darauf basirten „monarchischen Princip" des Herrn Uhden ist denn nun auch der Punkt des Archimedes gefunden, von welchem aus jede Verfassung als unvereinbar mit dem „monarchischen Princip" oder, wie Herr Uhden sagt, mit den Grundgesetzen des deutschen Bundes beseitigt werden kann. Denn, fährt derselbe fort, „ganz concludent bestimmt denn auch der Art. 57 der Wiener Schluß-Acte, daß die gesammte Staatsgewalt in dem Oberhaupte des Staates vereinigt bleiben müsse und der Souverain durch eine landständische Verfassung nur in der Ausübung bestimmter Rechte an die Mitwirkung der Stände gebunden werden könne." Hiernach ist also, nach der Meinung des Herrn Uhden, das „monarchische Princip", wie er es auffaßt, zum Grundgesetze des deutschen Bundes erhoben worden.

Die Deductionen der Uhden'schen Denkschriften wurzeln offenbar in der Stahl'schen Staatslehre. Ueberall finden sich Anklänge an dessen Theorien über das „monarchische" und „ständische" Princip. Aber sie übertreiben und und entstellen die Ideen des geistreichen Rechtslehrers bis zur völligen Unkenntlichkeit. Die Schranken, welche dieser in weiser Selbstbeschränkung seinen allerdings zur maßlosen Entwickelung hinneigenden Doctrinen steckt, sind überall gefallen. Die Lehre derselben ist in der Uhden'schen Auffassung zu einer Karrikatur geworden, aus welcher besser, als aus irgend einer Widerlegung, die Gefahren der von Stahl versuchten Behandlungsweise des Staatsrechts hervorgehen.

Mit seinem selbstgeschaffenen „monarchischen Princip", dessen Natur selbstverständlich keine scharfe Umgrenzung zuläßt, leistet dann Herr Uhden Unglaubliches. Demselben gegenüber giebt es, wie wir gesehen haben und weiter sehen werden, keine historisch begründete Berechtigung, kein deutsches Staats- und Verfassungsrecht, wie dasselbe seit Jahrzehnten in den deutschen Bundesstaaten sich entwickelt hat, keine in anerkannter Wirksamkeit bestehende Verfassung, deren Schutz im Art. 56 der Wiener Schluß-Acte zugesagt ist. Das „monarchische Princip" versieht bei ihm die Functionen des „Princips der Volkssouverainetät", wie es in den Jahren 1848 und 1849 in Volksversammlungen und demokratischen Schriften ausgebeutet zu werden pflegte. Es erscheint ebenso vag, ebenso dehnbar, ebenso absolut, ebensowenig eines Beweises seiner Berechtigung bedürftig. Doch wir würden auch mit Herrn Uhden über seine Meinungen nicht hadern. Jeder baut sich seine Welt in eigener Weise auf. Warum nicht Uhden in der seinen?

Aber — und hierin liegt der größte Unterschied zwischen ihm und Stahl — er soll seine Meinungen nicht für positive Wahrheit und gültiges Recht ausgeben.

Stahl*) erklärt am Schlusse seiner Theorien über das „monarchische Princip" ausdrücklich: „Wo deutsche Verfassungen ein Abweichendes bereits enthalten, da soll ihnen hierdurch kein Abbruch geschehen. Die Unverbrüchlichkeit des bestehenden Rechts darf durch kein Raisonnement und keine politische Ueberzeugung angetastet werden."

Uhden dagegen fordert vom Bundestage, daß auf Grund seiner Doctrinen eine bestehende Verfassung umgestoßen und an deren Stelle ein willkürlich nach seinen Meinungen construirtes Werk gesetzt werde, um als Grundlage des öffentlichen Rechts eines Bundesstaates zu dienen.

Es wird der Mühe lohnen, die Gründe kennen zu lernen, aus welchen derselbe die kurhessische Verfassung von 1831 für unvereinbar

---

*) Staatslehre S. 404.

mit den Grundgesetzen des deutschen Bundes erklärt. Wir gehen zu einer nähern Betrachtung des Theils der Denkschrift über, welche „die Kritik der jetzt bestehenden kurhessischen Verfassung" enthält.

Herr Uhden erklärt zunächst, daß keine Verfassung Bestimmungen enthalten dürfe, welche „den Ständen irgend eine Mitbetheiligung wegen Regulirung der Thronfolge, Anordnung von Regentschaft bei derselben zuweise." Deshalb fordert derselbe die Beseitigung der Vorschriften in den §§. 4. 7. 8. und 9. der Verfassung, nach welchen für den Fall einer Thronerledigung in Ermangelung von durch Verwandtschaft oder Erbverbrüderung zur Thronfolge berufenen Prinzen vom Landesherrn in Uebereinstimmung mit den Landständen Vorsorge getroffen, der Landesherr im Einverständniß mit den Landständen befugt sein soll, für den Fall einer längeren Verhinderung besondere Anordnungen wegen der Regentschaft zu treffen, die Landstände auch befugt sind, auf Einleitung zur Regentschaft durch Zusammentreten eines fürstlichen Familienraths anzutragen und im Fall einer Regentschaft an der Wahl eines demselben zur Seite stehenden Regentschaftsraths Theil zu nehmen u. s. w. Bestimmungen dieser Art fußen auf dem ältern deutschen Staatsrechte. *) Insbesondere war die Theilnahme der Landstände an der Einsetzung einer Regentschaft althessisches Recht. **) Nicht minder finden sich ähnliche Bestimmungen in den Verfassungen fast aller deutschen Länder, z. B. von Baiern II. §. 11.; Württemberg §. 13.; Sachsen §. 10. 11.; Oldenburg Art. 12 bis 14. wieder, ohne daß jemals hieran Anstoß genommen worden ist. Die revidirte preußische Verfassung geht in den §§. 56. und 57. viel weiter, als die hessische. Nach derselben haben die Kammern sogar „über die Nothwendigkeit der Regentschaft zu beschließen" und in Ermangelung eines berechtigten Agnaten „den Regenten zu erwählen." Ist das, was in Preußen zu Recht besteht, in Kurhessen unvereinbar mit den Bundesgesetzen? Oder wünscht Hr. Uhden, der doch wohl die preußische Verfassung beschworen haben wird, dieselbe

*) J. J. Moser, persönl. Staatsrecht Th. I. S. 471. 544.
**) Vergl. z. B. Rommel's hess. Geschichte III. S. 207. 231.

gleichfalls, etwa durch einen österreichischen und bayerischen Bundescommissar, bei guter Gelegenheit außer Wirksamkeit setzen zu lassen?

Selbst die unschuldigen Bestimmungen der §§. 12. und 13. der Verfassungs-Urkunde, kraft deren die landesherrliche Genehmigung zur Verheirathung und zum Eintritt von Prinzen des Hauses erforderlich ist, sollen von Bundeswegen aus der Verfassung ausgemerzt werden, und zwar aus keinem andern Grunde, als weil Herr Uhden der Meinung ist, daß solche Bestimmungen „nicht in die Verfassungs-Urkunde, sondern in die Hausgesetze gehören."

Herr Uhden fordert ferner, daß §. 6. der Verfassung beseitigt werde, weil nach demselben „in Verbindung mit dem §. 90. bei eintretendem Regierungswechsel der verfassungsmäßige Regierungsantritt des legitimen Nachfolgers und die demselben zu leistende Huldigung von dem eidlichen und in Gegenwart der Volksvertreter zu leistenden Versprechen desselben, die Verfassung zu befolgen und aufrecht zu erhalten, abhängig gemacht werde." Alles, was Herr Uhden hier referirt, ist nun zwar eitel Unwahrheit, denn im §. 6. *) wird nicht eine Eidesleistung, sondern nur ein schriftliches Gelöbniß gefordert. Dasselbe soll nicht in Gegenwart der Volksvertreter geleistet, sondern nur im Archiv niedergelegt werden, und nicht der Regierungsantritt ist von diesem schriftlichen Angelöbniß abhängig gemacht, sondern dasselbe soll nur der Huldigung als Anerkennung des verfassungsmäßig geschehenen Regierungsantritts vorhergehen. Abgesehen von diesen Unwahrheiten enthalten aber die erwähnten Vorschriften nichts Abnormes, sondern altes deutsches Recht. **) Die

*) Verfassungs-Urkunde §. 6: „Der Regierungs-Nachfolger wird bei dem Regierungsantritt geloben, die Staatsverfassung aufrecht zu erhalten und in Gemäßheit derselben, so wie nach den Gesetzen zu regieren. Er stellt darüber eine (im landständischen Archiv zu hinterlegende) Urkunde aus, worauf die Huldigung, und zwar zuerst von den versammelten Landständen, erfolgt." §. 90: „Die in Folge des §. 82 versammelten Landstände haben insbesondere dahin zu wirken, daß der Thronfolger bei seinem Regierungsantritt dem Inhalte des §. 6 der gegenwärtigen Verfassung Genüge leiste."

In dem von ihnen hiernächst zu leistenden Huldigungseide liegt zugleich die allgemeine Anerkennung des verfassungsmäßig geschehenen Regierungsantritts.

**) Moser, von d. Reichsst. Landen S. 1158.

preußische Verfassung verlangt sogar im Art. 54. „eidliches Gelöbniß in Gegenwart der vereinigten Kammern", und in den Verfassungen von Württemberg §. 10.; Weimar §. 126. 127.; Meiningen §. 107.; Hannover (1853) §. 13. und vielen andern ist das Gelöbniß des Landesherrn vor der Huldigung vorgeschrieben.

In dem den Ständen in §§. 61. und 101. gegebenen „Anklagerecht gegen alle Beamten, nicht nur wegen Verletzung der Landesverfassung, sondern auch wegen Veruntreuung öffentlicher Gelder, Erpressung, Bestechung, ja sogar(!) wegen gröblicher Hintansetzung der Amtspflichten und Mißbrauchs der Amtsgewalt" (wegen deren, beiläufig bemerkt, jedem geringsten Unterthanen nach gemeinem Recht das Recht der Anzeige bei Gericht zusteht) findet Herr Uhden „völlig unzulässige Eingriffe in die monarchische Gewalt," weil dasselbe „die Ständeversammlung gewissermaßen zu einer oberaufsichtsführenden Behörde" mache und „dadurch die Beamten — in ein Abhängigkeitsverhältniß zu derselben" bringe. *)

Nach Ansicht des Hrn. Uhden ist ferner „die Ministerverantwortlichkeit ebenso wenig mit dem monarchischen Princip vereinbar. Die Minister, ebenfalls nur die Diener des Fürsten, — — haben daher seinen Befehlen zu gehorchen, oder, wenn sie solche mit ihrem Gewissen nicht zu vereinigen vermögen, abzutreten. **) Und wenn sie nicht abtreten, sondern gegen Gewissen und Eid, gegen Gesetz und Verfassung handeln, so wird es wohl — nach Uhden's Meinung — bei dem stattgehabten Unrecht einfach sein Bewenden behalten sollen.

Diese und ähnliche Aeußerungen der Denkschrift charakterisiren sich selbst. Ihr Widerspruch mit dem gemeinen deutschen Staatsrechte bedarf keines Commentars.

*) Vgl. Stahl, a. a. O. S. 402. „Es bleibt den Ständen die große mächtige Bedeutung, den gesammten öffentlichen Rechtszustand zu schützen; sie sind die Wächter und Garanten für Erhaltung und Beobachtung der Gesetze" ꝛc. — Vgl. ferner die Verfassung von Nassau §. 2. pos. 2; Waldeck §. 25; Braunschweig §. 31; Coburg §. 78.

**) Vgl. Stahl, S. 394, 395, welcher die Ministeranklage wegen Verfassungsverletzung billigt.

Bemerkt mag nur werden, daß dennoch nach Uhden's eventuellem Vorschlage eine Art der mit dem monarchischen Princip unvereinbaren Ministerverantwortlichkeit sich in die revidirte Verfassung eingeschlichen hat, freilich nur so eine Art derselben. Denn das ständische Recht der Anklage soll bedingt sein durch einen übereinstimmenden Beschluß beider Kammern, durch die Verletzung einer positiven (deutlichen) Verfassungsbestimmung und deren absichtliche Verletzung; Voraussetzungen, welche die Bestimmung selbst illusorisch machen, da sie schwerlich jemals zu beschaffen und zu beweisen sein werden. — Ganz ausgeschlossen soll aber die Anklage sein, wenn das Ministerium eine Verfassungsbestimmung für zweifelhaft erklärt und deren Interpretation durch die Bundesversammlung verlangt, unbeschadet der vorläufigen Verbindlichkeit der Regierungsanordnungen.

Im §. 71. der Verfassungsurkunde ist die Annahme der Wahl eines Staatsdieners von der Genehmigung der vorgesetzten Behörde abhängig gemacht, „welche nicht ohne erhebliche, der Ständeversammlung mitzutheilende Ursache zu verweigern ist.“ In dieser Bestimmung — findet Uhden — „waren der Regierung völlig unzulässige Fesseln angelegt.“ — Bedenklicher könnte allenfalls die spätere Aufhebung des Erfordernisses einer solchen Genehmigung durch Gesetz vom 26. October 1848 erscheinen. Doch besteht die Bestimmung im §. 78. der preußischen Verfassung: „Beamte bedürfen keines Urlaubs zum Eintritt in die Kammer“ unangefochten zu Recht. Auch giebt es wenigstens kein Bundesgesetz, welches die Genehmigung der Wahl eines Staatsdieners zum Landtagsabgeordneten zur bundesrechtlichen Nothwendigkeit machte. Die deshalbige Verabredung im Art. 23. der geheimen Wiener Ministerial-Conferenzen vom 12. Juni 1834 ist bekanntlich niemals zum Gegenstande eines Bundesbeschlusses gemacht worden.

Auch das im §. 40. eingeführte Institut der Bürgerwehr, welches nach den meisten deutschen Verfassungen von jeher unangetastet bestanden hat, wird von Hrn. Uhden für „unvereinbar mit dem monarchischen Princip“ erklärt, weil dadurch „eine selbständige Gewalt des Volkes gegen die souveraine Gewalt des Fürsten gebildet wird“.

Im §. 97 ist den Ständen das Recht beigelegt, „Anträge zu neuen Gesetzen, sowie zur Abänderung und Aufhebung der bestehenden Vorschriften zu machen.“ Uhden findet hierin sonderbarer Weise das Recht der Initiative *) und tilgt deshalb den §. 97. wegen angeblichen Widerspruchs mit den Grundgesetzen des Bundes. **) Er übersieht dabei, daß die meisten deutschen Staaten, z. B. Preußen, Verfassung Art. 64.; Bayern, Gesetz vom 4. Juni 1848; Weimar, Grundgesetz §. 117.; Oldenburg §. 158.; Meiningen §. 86.; Altenburg, Gesetz vom 21. October 1848 sogar die Initiative der Stände in der Gesetzgebung anerkennen.

Rücksichtlich der Mitwirkung der Stände bei der Gesetzgebung erkennt Hr. Uhden zwar an, daß im §. 95. ***) der von ihm gebilligte Grundsatz enthalten sei. Er findet nur, der §. 95. sei „so allgemein gefaßt, daß dadurch die allergrößten Zweifel entstanden sind.“ Deshalb wird beantragt, vermöge der Bundesgewalt diese Bestimmung zu beseitigen und ausdrücklich das Recht der landständischen Beistimmung auf „Privatrechte, Steuern und die Rechtspflege betreffende Gesetze“ zu beschränken. Leider hat Hr. Uhden auch hier übersehen, daß eine Mehrzahl deutscher Verfassungen, z. B. von Preußen, Art. 62.; Württemberg §§. 88. 124.; Sachsen §. 86.; Hessen-Darmstadt §. 72. eine gleiche Bestimmung, wie die kurhessische Verfassung von 1831 enthalten, die mithin nicht bundesgesetzwidrig sein kann. Auch ist ihm entgangen, daß auch Stahl a. a. O. S. 388 (3. Aufl.) es als etwas allgemein Feststehendes bezeichnet, daß nach deutsch-constitutionellem Staatsrecht der ständischen Zustimmung für's Erste die Normen unterliegen, welche die öffentliche Rechtsgestaltung des Staats betreffen, d. i. die Verfassungs-

*) Was nicht einmal darin liegt, vgl. Zachariä, Staatsrecht Bd. II. S. 162.

**) Herr Uhden hat Stahl S. 374 völlig mißverstanden Dieser verwirft nur die Initiative im Sinne England's, wo nur Parlamentsmitglieder Gesetzentwürfe vorlegen. — Kein Bundesgesetz erklärt sich gegen die ständische Initiative.

***) „Ohne ihre Zustimmung darf kein Gesetz gegeben, aufgehoben, abgeändert oder authentisch erläutert werden. — —

„Verordnungen, welche die Handhabung oder Vollziehung bestehender Gesetze betreffen, werden von der Staatsregierung allein erlassen.“

gesetze; für's Andere die Normen, welche die Rechtssphäre des Individuums (d. i. die gerichtliche Bestrafung, die Privatrechtsverhältnisse und das Rechtsverhältniß der Unterthanenfreiheit gegenüber der Staatsgewalt) betreffen."

Nicht ganz klar drückt sich Hr. Uhden über das den Landständen nach dem „monarchischen Princip zuzubilligende Steuerbewilligungsrecht" aus. Er meint, „die ganze Existenz des Staates werde in Frage gestellt, wenn die Feststellung des Staatshaushaltes, Budgets, von Zeit zu Zeit nur mit Zustimmung der Stände erfolgen dürfe." *) Nach seiner Ansicht „wird der Bedarf der Ausgaben nur von Zeit zu Zeit von der Regierung festzustellen sein, und nur insofern, als zur Beschaffung dieses Bedarfs die Erhöhung der bestehenden oder die Einführung neuer Steuern nothwendig erscheint, wird die Zustimmung der Landstände erforderlich erachtet werden müssen." Den Ständen soll jedoch auch „auf ihr Verlangen die Verwendung des Staatseinkommens aus der Etats-Periode nachgewiesen werden." Die Denkschrift, resp. der von derselben empfohlene Revisionsentwurf schlägt in Gemäßheit dieser Grundsätze Bestimmungen vor, durch welche das bestehende landständische Steuerbewilligungsrecht auf ein Minimum reducirt und das Recht der Budgetberathung aufgehoben werden soll. Es wird nach obigen Proben Niemand Wunder nehmen, daß Herr Uhden bei diesen Vorschlägen nicht daran denkt, daß durch solche Neuerungen das älteste, seit dem Jahr 1509 geschichtlich begründete und schon 1532 vollständig ausgeübte, durch die Vereinbarungen von 1831 neu bestätigte und geordnete Recht der kurhessischen Stände wesentlich alterirt und umgestoßen wird. Es wird Niemand Wunder nehmen, daß Hr. Uhden sich nicht die Frage aufwirft, ob die Bundesversammlung ein Recht habe, in diese bestehenden Rechtsverhältnisse einzugreifen, ob eine Vorschrift der Bun-

*) Stahl, S. 389 bis 392 erklärt die neue Bewilligung der Steuern für jede Finanzperiode ausdrücklich für bestehendes constitutionelles Staatsrecht und nicht im Widerspruche mit dem von ihm construirten monarchischen Princip. Er eifert nur gegen eine zu große Specialität der Budgetberathung — freilich ohne erkennbare Grenze und Grundlage.

**) Ledderhose, kl. Schriften, Marburg 1787. Bd. I. S. 51.

desgesetzgebung bestehe, welche solche Aenderungen nothwendig mache. Niemand wird erwarten, daß Hr. Uhden einen Blick in die in anerkannter Wirksamkeit stehenden Verfassungen, z. B. von Bayern Art. III.; Baden §§. 53—55.; Nassau §. 2. pos. 3; Württemberg §§. 109—112.; Hessen-Darmstadt §. 69.; Coburg §. 73.; Meiningen §. 71.; Altenburg §. 206.; Sachsen §. 103.; Braunschweig §. 177.; Waldeck §. 26; Hannover §. 146. geworfen habe, in welchen sich ähnliche Vorschriften über periodische Vorlage und Berathung des Budgets finden, wie die kurhessische. Aber man hätte annehmen können, daß er mindestens, bevor er seine radicalen Abänderungsvorschläge vortrug, die von ihm selbst angezogenen geheimen Wiener Conferenzbeschlüsse von 1834 beachtet hätte, in deren 21stem Artikel den Bundesregierungen ausdrücklich zur Pflicht gemacht ist, „die Stände zur rechten Zeit einzuberufen und denselben das Budget in der Regel bei dem Beginne der Sitzungen vorzulegen, damit die Berathung der Stände über das Budget in der nöthigen Frist („vor Ablauf der gesetzlichen Steuerbewilligungsperiode") beendet werden könne." Es gehört mehr als Kühnheit dazu, einem solchen Beschlusse der Bundesregierungen gegenüber, kurzweg zu behaupten, die periodische Steuerbewilligung und regelmäßige Budgetberathung seien bundeswidrige Institutionen und dem kurhessischen Volke im Wege der Bundesexecution zu entziehen!

Herr Uhden hält ferner das den Ständen im §. 86. eingeräumte, von Alters*) hergebrachte Recht der Mitunterzeichnung der Landtagsabschiede für „unangemessen", weil „im monarchischen Staate dem Landesherrn allein die höchste und letzte Entscheidung gebührt." Er decretirt deshalb kurzweg: „Der Landesherr erläßt den Landtagsabschied."

Auch der bleibende landständische Ausschuß, welcher nach §. 102. der Verfassungs-Urkunde über die Vollziehung der Landtagsabschiede zu wachen, das landständische Interesse wahrzunehmen und die nach besonderer Instruction ihm obliegenden Geschäfte zu verrichten hat, findet vor seinen Augen keine Gnade. Diesem Ausschuß ist eine sehr beschränkte

*) Vgl. Ledderhose, a. a. O. §. 55.

Competenz beigelegt. Die Gerichte haben ihm im Allgemeinen sogar das Recht der Ministeranklage aberkannt. Seine Thätigkeit war von jeher eine sehr wenig bedeutende bis zu der Zeit, als es galt, die seiner Obhut anvertraute Verfassung gegen den vom Ministerium Hassenpflug unternommenen Umsturz zu vertheidigen, ohne dieselbe eben wegen seiner beschränkten Competenz retten zu können. Herr Uhden erklärt den ständischen Ausschuß für „eine fortdauernde ständische Gewalt der Staatsregierung gegenüber, die seiner Controlle unterworfen war, eine ihr gleichberechtigt zur Seite stehende Macht.“ Eine solche Einrichtung ist „nicht nur mit dem monarchischen Princip unvereinbar, sondern widerspricht auch dem ständischen Wesen.“ So urtheilt Herr Uhden über eine altgermanische Institution, welche früher fast in allen deutschen Ländern als Ergänzung der landständischen Verfassung bestand*) und nach vielen neuern Verfassungen, z. B. von Weimar §. 62. 105.; Württemberg §. 187.—192.; Baden §. 51; Coburg §. 104.; Meiningen 53.; Waldeck §. 36. noch immer besteht. In Folge des Uhden'schen Berichts ist der landständische Ausschuß mit der Verfassung von 1831 vom Bundestage außer Wirksamkeit gesetzt worden.**)

Weniger einzuwenden hat Herr Uhden gegen die Zusammensetzung der Ständeversammlung nach der Verfassung von 1831. Dieselbe lehnte sich an die hergebrachten Berechtigungen der althessischen Landstände unter Zutritt des schon im Jahre 1815 zugezogenen Bauernstandes an und wurde gebildet aus den Prinzen des Hauses, den Standesherren, den Abgeordneten der Ritterschaft und einem Vertreter der Landesuniversität (etwa 20 Mitgliedern), ferner 16 Abgeordneten der Landbevölkerung. Herr Uhden tadelt hierbei im Wesentlichen nur „als fehlerhaft“ die Vereinigung in Einer Kammer,***) statt der älteren Abtheilung in

*) Vgl. Moser von der deutschen Reichsstände Landen S. 765. Mecklenburgischer Erbvergleich 1755. §. 176. Solche permanente Ausschüsse bestanden sogar in Böhmen, Mähren, Tyrol, Niederösterreich &c. Klüber St. R. §. 298.

**) Trotz dieser Ausführung setzte die Verfassung von 1852 eine ständische Commission mit freilich unbedeutenden Rechten an die Stelle des landständischen Ausschusses der Verfassung von 1831.

***) Stahl, S. 430. theilt rücksichtlich der kleineren Staaten diese Ansicht nicht. —

Curien, erkennt aber an, daß diese Ständeversammlung „doch noch wahre Stände, die zum Theil sehr conservative Elemente repräsentirten, enthielt." — Desto schärfer greift er die Bestimmungen des neuen Wahlgesetzes vom 5. April 1849 „dieses durchaus revolutionären Gesetzes" an, dessen nothwendige Folge der Ausbruch der offenen*) Revolution gegen alle obrigkeitliche Autorität war. Von anderer Seite, z. B. von dem Standesherrn, Grafen zu Ysenburg und Büdingen, wurde dasselbe Gesetz Namens seines Standes in einer Eingabe an die Ständeversammlung vom 22. Dezember 1848 dringend zur Aufnahme mit dem Bemerken empfohlen, daß dasselbe „den dauernden Bestand eines gesetzlichen Zustandes und eine weise Gesetzgebung sichern könne," während er gleichzeitig gegen ein neues Wahlgesetz im Großherzogthum Hessen Protest einlegte, und wieder von anderer, nämlich demokratischer Seite, wurde dasselbe Gesetz als ein Inbegriff reactionärer Bestrebungen bitter angefeindet. Wir wollen jenes Gesetz keineswegs unbedingt vertheidigen, müssen aber zur Ehre der Wahrheit hervorheben, daß dasselbe vor allen Wahlgesetzen der damaligen Zeit durch die darin beibehaltenen conservativen Einrichtungen sich auszeichnete. Die Trennung der Abgeordneten von Stadt und Land, ein Dritttheil sämmtlicher Abgeordneten aus der höchstbesteuerten Classe der Unterthanen, Selbständigkeit, Zahlung einer directen Staatssteuer, 30stes Lebensjahr als Bedingung der Wahlfähigkeit bilden genügende Garantien gegen einen übermächtigen Einfluß anarchischer Elemente.

Und weshalb hat Herr Uhden es nicht für gut befunden, auf diese wahren Stände zurückzugehen? Weshalb hat er zur gänzlichen Beseitigung des historisch ausgebildeten landständischen Instituts, welches in 18jähriger Wirksamkeit feste Wurzeln im Volke geschlagen hatte, die Hand geboten? Weshalb hat er dem Bundestage gerathen, an deren Stelle, wenn auch nur provisorisch, eine willkürliche Neuschöpfung zu setzen,

---

Die österr. Denkschrift (Octob. 1859) erklärt, daß sich die Beibehaltung des Zwei-Kammer-Syemstes „nicht strenge vom Boden des Bundesrechts" begründen lasse.

*) Herr von Manteuffel sprach 1851 doch nur von „Revolution in Schlafrock und Pantoffeln." — Man schreitet fort.

die fern von jeder geschichtlichen Grundlage, ohne Zusammenhang mit allem Bestehenden, nur nach abstracten Theorien und dem momentanen Bedürfnisse des Ministeriums Hassenpflug construirt ist?

Ueber die neu geschaffene Ständeversammlung ist nach mehr als siebenjähriger Wirksamkeit derselben ein erprobtes Urtheil möglich.

Die erste Kammer ist bereits am schärfsten von ihren eigenen Schöpfern in der neuesten Denkschrift des kurfürstlichen Ministeriums an den Bundestag gerichtet. Mit bittern Vorwürfen wird behauptet, daß dieselbe „thatsächlich nur eine Rittercurie" sei und die Nothwendigkeit einer Aenderung ihrer Zusammensetzung auf die bisher gemachten Erfahrungen gegründet, welche es nahe legen „noch vor dem definitiven Abschluß der Verfassungsangelegenheit Mittel zu ergreifen, welche das Land vor neuen Erschütterungen bewahren und selbst die Existenz einer ersten Kammer auf die Dauer sichern."

Die zweite Kammer soll gebildet werden aus 16 Abgeordneten der Besitzer von Gütercomplexen über 200 Acker, 16 Abgeordneten der Städte, und 16 Abgeordneten der Landgemeinden. Die Wahlcorporation in den Städten besteht aus den Mitgliedern der Gemeindebehörden, einer gleichen Anzahl Zunft- und Gildenmeister, welchen unzünftige Fabrikbesitzer und Großhändler, jedoch nicht mehr als ein Dritttheil derselben hinzutreten. Die Wahlcorporation in den Landgemeinden wird aus sämmtlichen Ortsvorständen und Ausschußvorstehern gebildet. Sämmtliche Wahlberechtigten dürften nur aus ihrer eigenen Mitte wählen. — Das Charakteristische dieser Wahlvorschriften besteht darin, daß alle diejenigen Stände, welche als Träger einer höheren Intelligenz gelten, (der Klasse „die dem höhern Geistigen zugewendet" nach Stahl's Ausdruck, S. 45.) namentlich Privatgelehrte, Advocaten, Aerzte, Lehrer, Professoren, Staatsdiener, Offiziere, Postbeamte, Capitalisten u. s. w., wenn sie nicht zufällig Mitglieder einer Gemeindebehörde sind, ebenso alle unzünftigen Gewerbe, nichtstädtische Handels- und Fabrik-Unternehmungen, von der activen und passiven Wahlfähigkeit gänzlich ausgeschlossen, daß die Regierung durch ihren Einfluß auf die Gemeindewahlen, namentlich das Recht der Bestätigung der Ortsvorsteher, auch die Landtagswahlen beherrscht, daß die städtischen Wahlen zum großen Theile auf das veraltete Zunftwesen, unter Heranziehung eines kleinen Bruchtheiles von Vertretern des Großhandels, gebaut sind, und daß der ländliche Grundbesitz doppelt so viel Abgeordnete zur Ständeversammlung sendet, als die Städte. Aus der letztern Bestimmung allein folgt schon die absolute Unhaltbarkeit dieser Composition, das Uebergewicht der Landbevölkerung, das zur Benachtheiligung und Unterdrückung der städtischen Interessen oder mindestens zu einem erbitterten Kampfe führen muß.

Dieser mißglückte Versuch einer sogenannten Volksvertretung ermangelte von allem Anfang an aller innern Lebensfähigkeit. Die Gründe, welche dem Ministerium Hassenpflug eine solche Versammlung wünschenswerth erscheinen ließen, ergeben sich aus den vorstehenden thatsächlichen Mittheilungen von selbst. Herr Uhden beruft sich zur Rechtfertigung desselben auf zwei Gründe.

Zunächst das „ständische Princip." Hiermit verhält es sich folgendermaßen. Seit dem Carlsbader Congreß hatte eine von Gentz aufgestellte Theorie Eingang gefunden, nach welcher der Art. 13. der Bundesacte die Verpflichtung zu einer „landständischen" im Gegensatz zur Repräsentativ-Verfassung begründen sollte. Stahl erkannte die Unhaltbarkeit dieser Theorie und die Nothwendigkeit einer repräsentativen Volksvertretung in den neueren Staatsverfassungen an. Er sprach jedoch von einer Durchdringung des „nationalen Princips" und des „ständischen Princips," aus welcher die Einheit der Volksvertretung mit ständischer Gliederung hervorgehen solle. Im Grunde genommen fordert er mit diesen Ausdrücken nichts weiter, als was man sonst einfacher Vertretung der verschiedenen Volks- und Berufsclassen nach ihrer materiellen Bedeutung oder „Classenwahlen" zu nennen pflegt, im Gegensatze zu dem allerdings verkehrten System der allgemeinen Wahl nach Kopfzahl. Für die Vertheilung des Wahlrechts muß dabei natürlich, wie Stahl selbst ausdrücklich anerkennt, der freieste Spielraum bleiben. — Uhden nimmt aus der Stahl'schen Theorie nur das „ständische Princip" heraus. Damit hat er ein neues Wort gefunden, an welches sich ebenso wie an das „monarchische Princip“ eine ganze Theorie anknüpfen läßt. Und läßt sich dies Princip nicht schon im Bundesrechte auffinden? Nach Uhden ist nichts leichter als dies. Man streiche nur aus der Verheißung einer „landständischen Verfassung“ im Art. 13. der Bundesacte und Art. 54. der Wiener Schluß=Acte das Wörtchen „land“ weg, so steht das „ständische Princip“ bereits als Grundgesetz des deutschen Bundes positiv fertig da. Es kommt dann nur noch darauf an, diesem Princip auch einen bestimmten Inhalt zu geben. „Repräsentativstände“ werden verlangt; aber nur „wirkliche Stände!“ Was er darunter versteht, machen seine oben mitgetheilten Wahlvorschriften klar. „Literaten, Advocaten rc., (die übrigen oben angeführten Volks= nnd Berufsclassen nennt er nicht), sind seiner Meinung nach „keine Stände“*) —

Der zweite Grund besteht in dem Wunsche, alle höhere Intelligenz und Bildung aus der Ständeversammlung auszuschließen. Die nach den neuen Vorschlägen zu bildende Versammlung war vorzugsweise berufen, das neue Verfassungswerk, ein complicirtes staatsrechtliches Gebäude, zu beurtheilen und zu prüfen, ob dasselbe mit den bestehenden Rechten und Interessen des Landes im Einklang stehe. Herr Uhden erklärt aber für dieselben nur specifische Kenntniß der Zustände des Lebens nöthig und bemerkt: „Bei den Ständen wird nicht eine besondere wissenschaftliche Kenntniß und Bildung als Bedingung vorausgesetzt,“

*) Stahl S. 51. erwähnt ausdrücklich „die Stände, welche durch blos geistige, d. h. stofflose Arbeit ihren Mitbürgern dienen, z. B. Aerzte, Advocaten, Lehrer, Künstler.“ — Auch die kurhessische Staatsregierung scheint die Ansicht des Herrn Uhden von dem Standesprincip nicht zu theilen, indem sie sechs Männer, die sich durch Wissenschaft, durch Kunst oder im öffentlichen Dienste auszeichnen, in die erste Kammer aufnehmen will und dazu in ihrer neuesten Denkschrift bemerkt: „Wird in jener Befugniß eine Verletzung des Standesprincips gefunden, so wird damit ignorirt, daß es außer dem Ritterstande und den ritterschaftlichen Interessen auch noch andere berechtigte Standesclassen und Interessen giebt und daß Jeder der Sechs von Auszeichnung einem berechtigten Stande angehören muß, und erachtet die in der Majorität der ersten Kammer vertretene Ritterschaft durch die Sechs von Auszeichnung ihre Personen= und Familien=Tendenzen gefährdet, so werden die wahren Interessen des Adels nicht immer von dem Geburtsadel am richtigsten gewürdigt.“ — Der Bundestag hat rücksichtlich der „Standesprincipien“ die Wahl zwischen denen des Herrn Uhden und des kurfürstlichen Ministeriums.

— — — „darum müssen die Stände aus den einzelnen Ständen des Volks, in welchen sie ihren Lebensberuf haben, gewählt werden.“*)

Nun wahrlich, es ist bekannt, daß die nach dem neuen Wahlgesetze gebildeten Versammlungen nicht an einem Ueberflusse von „wissenschaftlichen Kenntnissen und Bildung“ gelitten haben. Aber den, wie aus Herrn Uhden's Aeußerungen hervorgeht, mit aller Zuversicht gehegten Erwartungen ihrer Urheber haben sie doch nicht entsprochen. Hassenpflug entließ die erste Ständeversammlung von 1852 ohne Erzielung eines Einverständnisses mit derselben. Er berief auf eigene Hand, ohne Ermächtigung des Bundestags, zu einem neuen Versuche, das Einverständniß zu erlangen, im Jahre 1855 eine zweite Versammlung. Um in dieser Beziehung sicherer zu gehen, waren in der Zwischenzeit ohne Wissen und Willen der Bundesversammlung die Wahlcorporationen umgestaltet worden, indem durch Gesetz und Verordnung vom 1. und 22. December 1853 Staats- und Hofdiener, Postbeamten, Aerzte und Advocaten von der Gemeindegliedschaft ausgenommen wurden, die Fähigkeit zum Eintritt in die Gemeindebehörden des Landes beschränkt, und den Staatsbehörden überdies die Befugniß eingeräumt wurde, Jeden, „bei dem auf irgend eine Weise eine feindselige Parteinahme gegen die Regierung hervorgetreten sei“ von den Gemeindebehörden auszuschließen. Zugleich wurden überall neue Gemeindewahlen angeordnet, und erst hierauf die Wahl der zweiten Ständeversammlung durch die veränderten Wahlkörperschaften vollzogen. Bekanntlich konnten auch von dieser Versammlung nur sehr beschränkte Zugeständnisse erlangt werden. Die jetzt tagende, nach den Hassenpflug'schen Principien gebildete Kammer hat aber durch ihren denkwürdigen Beschluß vom 5. November 1859 ein glänzendes Zeugniß der festen Anhänglichkeit der kurhessischen Lande an ihr verbrieftes Recht und des hochherzigen Opfermuths ihrer Mitglieder abgelegt.**)

---

*) Vgl. Stahl S. 324., 371., welcher „Einrichtungen zu Gunsten der Intelligenzen in den organischen Volksständen selbst, z. B. daß eine Classe ihre Vertreter auch aus einer andern Classe oder einem andern Bezirke wählen könne“ billigt und zur Berücksichtigung empfiehlt, „ob sich unter den Männern der ständischen Beschäftigung eine hinreichende Intelligenz finde.“

**) Der ächte männliche Freiheitssinn, der Ehrfurcht und Theilnahme

Schließlich empfiehlt Herr Uhden die Einführung eines Competenzconflictshofs, die Ausmerzung aller in der Verfassungsurkunde enthaltenen Zusagen noch zu emanirender Gesetze, (weil diese Zusagen „dem Begriffe einer solchen Urkunde" widersprechen, sich vielmehr höchstens „zur Aufnahme in die Landtagsabschiede auf geziemend angebrachte Petitionen der Stände" eignen,*) die Ermächtigung der Bundesversammlung zur Entscheidung von Zweifeln rücksichtlich der Auslegung der Verfassung ꝛc. Werden auch diese Einrichtungen sämmtlich als bundesgesetzliche Nothwendigkeit und ihr Mangel als Grund für die Unvereinbarkeit der Verfassung mit den Grundgesetzen des Bundes bezeichnet werden sollen?

Und wenn auch Herr Uhden sich und den deutschen Bund zum Umsturz der kurhessischen Verfassung und Gesetze für befugt hielt; wo ist der Titel, sei es im geschriebenen oder ungeschriebenen Rechte, zu finden, der ihm oder dem Bunde die Berechtigung gab, sich auch in bestehende Vertragsverhältnisse über die vermögensrechtlichen Beziehungen zwischen Fürst und Land einzumischen und deren Lockerung anzubahnen? Es handelt sich um Folgendes. Die Auseinandersetzung des Haus- und Staatsvermögens, schon seit dem vorigen Jahrhundert eine Quelle des Haders im Kurfürstenthum, erfolgte im Jahre 1831 gleichzeitig mit der Verfassung durch zwei besondere Verträge zwischen dem Landesherrn und den Ständen. Durch diese Vereinbarung wurde ein Theil der Domänen für die unmittelbare Benutzung des Hofes als „Familienfideicommiß" ausgeschieden, der andere Theil für Staatseigenthum erklärt, auf diesen aber eine vom Lande übernommene Hofdotationssumme radicirt. Das Capitalvermögen, erworben mit dem Blute hessischer Landeskinder in englischen Kriegsdiensten, wurde zu einem Haus- und Staatsschatz zu gleichen Theilen getheilt. Diese Verträge, von der Verfassung

abnöthigt, besteht" — nach Stahl S. 232 — „in dem Widerstande gegen Willkür der Strafrechtspflege, der Besteuerung, gegen Abschaffung der bestehenden Gesetze und Einrichtungen, die der Nation theuer sind."

*) Vgl. Stahl S. 285. Derselbe warnt, daß in dieser Beziehung „nicht mit doctrinärer Aengstlichkeit gesichtet und ausgemerzt" werde und empfiehlt vielmehr die „feierliche Verbürgung durch das Grundgesetz" für „Institutionen, welche eine Gewähr der Freiheit und des Rechts enthalten."

abgesondert, wurden jedoch unter deren Schutz gestellt. Der in der Denkschrift empfohlene Verfassungsentwurf hat es unternommen, den Rechtsbestand derselben in Frage zu stellen. Im §. 107 ist eine neue Regulirung jener Verhältnisse vorgezeichnet und zwar bis dahin die bestehende Uebereinkunft als Grundlage anerkannt, jedoch nur „wie sie in den folgenden Paragraphen enthalten ist." Die Bestimmungen dieser „folgenden Paragraphen" weichen aber wesentlich von den vertragsmäßigen Feststellungen ab. Sie sind namentlich so zweideutig gefaßt, um mindestens eine bequeme Handhabe zu willkürlichen Auslegungen und zu einer Erweiterung der landesherrlichen Vermögensrechte zum Nachtheil des Landes zu bieten. *) Und wenn sie auch im Wesentlichen nichts Neues enthielten, so würde schon die einseitige Aufstellung neuer Normen eine rechtswidrige Antastung bestehender Vertragsverhältnisse enthalten. — Wodurch kann ein solcher Eingriff in die vertragsmäßigen Vermögensrechte justificirt werden? Fordert dies eine bundesrechtliche Nothwendigkeit? Verlangt es die Aufrechterhaltung der Ordnung? Wodurch ist die Competenz des Bundes begründet? — Ob Herr Uhden die Tragweite seiner Vorschläge vollständig verstanden hat, lassen seine darüber gemachten Bemerkungen unklar. Er beruft sich dabei wiederum auf das „monarchische Princip", welches die Bestimmung einer „Civilliste" nicht zulasse. **) Ja, er wagt es bei diesem Angriffe auf die Heiligkeit des Vertragsrechts und Eigenthums noch zu rühmen, jene Neuerungen „entsprechen der Gerechtigkeit." — Wahrlich, gerade auf diesem Gebiete hätte in den kurhessischen Verhältnissen besondere Veranlassung gefunden werden sollen, mit höchster Vorsicht zu Werke zu gehen und an dem Bestehenden nicht zu rütteln.

Auch nach den neuesten Anträgen des Bundes-Ausschusses soll es im Wesentlichen bei den gewünschten Aenderungen sein Bewenden behalten. Gerade diese Neuerungen schließen aber die Gefahr in sich, daß,

---

*) Vgl. Bericht der ersten kurhessischen Kammer v. 12. Febr. 1856. S. 81 ff.

**) Die erwähnten Verträge, sowie die deshalbigen Bestimmungen der Verfassung von 1831 stehen mit den strengsten Anforderungen, z. B. Stahl S. 271, in vollster Harmonie.

wenn auch von Seiten des Landesherrn die Wiederherstellung der Verfassung von 1831 im Uebrigen concedirt werden sollte, hiermit das größte Hinderniß eines befriedigenden Abschlusses der Verfassungswirren fortdauern wird.

Dies sind im Wesentlichen die Gründe, auf welche Herr Uhden im zweiten Theil der Denkschrift über die Verfassungsreform den Antrag gestützt hat, die kurhessische Verfassung kraft der Bundesgewalt außer Wirksamkeit zu setzen.

Auf einige andere Punkte, welche in der Denkschrift über die provisorisch getroffenen Maßregeln berührt sind, kommen wir später zurück.

Der vorgelegte Entwurf einer revidirten Verfassung beseitigt aber außerdem eine lange Reihe von Bestimmungen der zu Recht bestehenden Verfassung, welche zum Theil von geringem praktischen Interesse, zum Theil aber auch von entscheidender Wichtigkeit sind, z. B. die Bestimmungen über die Aufhebung der Leibeigenschaft, Gleichheit vor dem Gesetze, Freiheit der Wahl des Berufs und der Gewerbe, ferner die Garantie der den Israeliten eingeräumten Rechte, die Gleichstellung rücksichtlich des christlichen Glaubensbekenntnisses, die Freiheit der Person, des Eigenthums, der Presse, die verfassungsmäßigen Rechte der Staatsdiener, die persönliche Unabhängigkeit der Landtags-Abgeordneten, das Landsyndicat, die Familienräthe u. s. w. Alle diese und zahlreiche andere tief einschneidende Aenderungen hat Herr Uhden mit keinem Worte auch nur zu erwähnen für nöthig gehalten. Versteht sich deren Bundesgesetzwidrigkeit von selbst? Oder fehlt es an Gründen für den Umsturz dieser zu Recht bestehenden Vorschriften? Man sollte nach obigen Proben der Gründe des Herrn Uhden kaum vermuthen, daß sich derselbe in dieser Beziehung in Verlegenheit befunden haben könne. Was konnte Herrn Uhden z. B. verhindern, die Gleichheit vor dem Gesetze für unvereinbar mit dem „monarchischen Princip“ oder die Aufhebung der Leibeigenschaft für einen Widerspruch mit dem „ständischen Princip“ zu erklären?

Difficile est, satiram non scribere. Doch zur Satyre ist die Sache zu ernst. Kund geben darf sich hier nur die tiefe sittliche Entrüstung über ein solches frivoles Machwerk, wie die Uhden'sche Denkschrift ist, ein Machwerk, welches dazu gedient hat, einen hochherzigen Volksstamm seines anerkannten Rechts zu berauben und ihm dafür seit 8 Jahren ein Fabrikat aufzudrängen, wie es solche Constitutionsmacher, wie Herr Uhden und Hassenpflug, ihren nur zu bekannten Maximen für entsprechend gehalten haben.

Der Bericht des Bundes-Ausschusses v. 6. März 1852 hat zwar, wie schon bemerkt, Einwendungen gegen die historische Darstellung der Denkschrift vorgetragen, jedoch nur zu dem Zweck, um die Bundesversammlung zu bestimmen, „die im Allgemeinen vorerst von ihr zu erwartende Billigung (des Revisions-Entwurfs) zu beschränken oder noch auszusetzen, und von näherer Erörterung abhängig zu machen." Eine Prüfung der Verfassung im Einzelnen weist der Ausschuß von der Hand, indem er der Bundesversammlung anräth, „jedenfalls für jetzt — auf eine vollständige Kritik der kurhessischen Verfassung nicht einzugehen."

Dessenungeachtet nimmt der Ausschuß ohne Prüfung der Verfassung an, daß dieselbe mit den Grundgesetzen des Bundes unvereinbar sei. „Eine Verfassung," — sagt er — „welche Vorschriften enthält, die zu einer so vollständigen Auflösung der monarchischen Ordnung führen, wie sie in Kurhessen stattgefunden hat, widerstreitet den in Art. 57 und 58 der Wiener Schlußacte enthaltenen Vorschriften" ꝛc.

Dieser allgemeine Vorwurf macht eine nähere Beantwortung der Frage zur Pflicht, worin die Veranlassung der kurhessischen Wirren in Wahrheit zu suchen sei.

Die erste (äußere) Veranlassung lag in den ständischen Beschlüssen über die im August 1850 gestellte ministerielle Anforderung einer Steuerverlängerung. Dieselbe wurde allerdings von der Ständeversammlung für so lange abgelehnt, bis das Erforderniß der Steuern durch ein ordnungsmäßiges Budget nachgewiesen werde. Dies Verlangen der Budgetvorlage war nicht allein nach der Natur der Sache und §. 144 der Verfassungsurkunde begründet, sondern auch nach den oben erwähnten bestimmten Vorschriften im §. 21 der geheimen Wiener Conferenz-Beschlüsse von 1834 über die Nothwendigkeit der zeitigen Budgetvorlage als Voraussetzung jeder Steuerforderung. Der hiermit übereinstimmenden Vorschrift der kurhessischen Verfassung kann daher nicht der Vorwurf einer bundeswidrigen Veranlassung jener Differenz gemacht werden. Die Veranlassung derselben lag vielmehr nur darin, daß das Ministerium Hassenpflug gegen die Bundesnormen und gegen die hessische Verfassung zugleich die Vorlage des Budgets verweigerte. Eine Steuerverweigerung ist nicht vorhanden. „Steuern verweigern" heißt nicht, die geforderten Steuern verweigern, sondern — die erforderlichen; den Nachweis der Erforderlichkeit hat die Regierung in der Vorlage des Budgets zu führen. Wäre eine solche Steuerverweigerung vorhanden, so würde kein Grund hierzu in der Verfassung liegen. Denn diese kennt kein Recht der Steuerverweigerung. Im Gegentheil, die Verfassung legt, — wie das hessische Ministerium in seiner Denkschrift vom 19. September 1850 ausführlich dargelegt hat, — den Ständen die Verpflichtung auf, die erforderlichen Steuern zu bewilligen. Wegen Verletzung dieser verfassungsmäßigen Pflicht hat das Ministerium die angeblich „steuerverweigernden" Landtags-Abgeordneten sogar vor Gericht gestellt.

Die weitere Veranlassung der Verfassungswirren liegt in der Nichtbefolgung der vom Ministerium im September 1850 erlassenen Verordnungen von Seiten der Gerichte und der übrigen Staatsbeamten. Dieselben hielten auf Grund verschiedener Verfassungsbestimmungen eine Prüfung der Frage für geboten, ob jene Verordnungen in verfassungsmäßiger Form erlassen seien, und nach Verneinung dieser Frage von Seiten der Civil- und Militärgerichte sich durch ihren Verfassungseid verhindert, zur Vollziehung der Verordnungen die Hand zu bieten.

Das Ministerium und die Uhden'sche Denkschrift können deshalb der Verfassung keine Schuld beilegen, weil sie behaupten, nach derselben seien die Gerichte und Staatsbeamten zur Folgeleistung verpflichtet gewesen. Die ungehorsamen Richter und Staatsbeamten sind wegen dieses verfassungswidrigen Verhaltens vor die Kriegsgerichte gestellt und zum Theil mit Festungsstrafen belegt worden.

Wir wollen jedoch unsere entgegenstehende Ansicht nicht verbergen. Die kurhessische Verfassung gestattet zwar, wie sich von selbst versteht, weder den Gerichten noch sonstigen Organen der Staatsregierung irgend eine Prüfung des verfassungsmäßigen Inhalts in gehöriger Form erlassener Gesetze und Verordnungen. Sie macht aber deren Vollziehung, namentlich von Seiten der Gerichte davon abhängig, daß die betreffenden Normen in verfassungsmäßiger Form entstanden seien.

Ueber den legislatorischen Werth dieser Verfassungsbestimmungen soll hier nicht gestritten werden. Im Gegentheil muß anerkannt werden, daß in größeren Staaten mit centralisirter Verwaltung die Rücksicht auf den geordneten Gang des Staatsorganismus für die vorläufige Verbindlichkeit gehörig contrasignirter und publicirter Verordnungen spricht, auch wenn sie nicht in verfassungsmäßiger Weise entstanden sind.

Aber in Kurhessen liegen die Dinge anders; die eigenthümlichen Verhältnisse dieses kleinen Staatswesens, der geringe Einfluß der öffentlichen Meinung gegenüber der fürstlichen Gewalt machen besondere Garantien für die Erhaltung der öffentlichen und Privatrechte nothwendig. Diese sind von jeher besonders in der unabhängigen Stellung der Gerichte und übrigen Behörden als Wächter und Schirmer des Rechts gefunden worden.*) Diese Stellung derselben ist nicht künstlich durch die Verfassung von 1831 geschaffen, sondern historisch entstanden. Schon im Jahr 1743 fand der Beruf der Gerichte zur Wahrung des Rechts gegen fürstliche Willkür eine ruhmwürdige Anerkennung in einem Edicte des Landesherrn selbst. Man könnte deren Stellung mit der der alten französischen Parlamente vergleichen. Während der Restaurationsperiode von 1815 bis 1830 bildete die Charakterfestigkeit und Rechtsliebe der Behörden die einzige Schutzwehr gegen Uebergriffe des damals unumschränk-

*) In Deutschland — sagt Stahl S. 418 — sind außer dem ständischen Einflusse noch andere Garantien, die nur bei Aufrechterhaltung des monarchischen Princips fortbestehen können. „Dahin gehört vor Allem der intelligente ehrenhafte und unentfernbare deutsche Beamtenstand.“

ten Gouvernements. So gingen die bestehenden Grundsätze in die Verfassung von 1831 über und wurden in derselben zu einem Systeme der Garantien gegen deren Verletzung ausgebildet. Wer, kundig der kurhessischen Verhältnisse, möchte behaupten, daß ein solcher besonderer Schutz des verfassungsmäßigen Rechtszustandes überflüssig erscheine?

Diese Vorschriften haben bestanden, und dennoch ist mit der kurhessischen Verfassung Jahre lang, die Welt weiß, wie, regiert worden. Sie haben dazu gedient, die Verfassung mit einer moralischen Garantie zu umgeben. Dagegen ist die Strenge der Dienstordnung und disciplinarischen Unterordnung niemals dadurch gelockert worden. Zum ersten Male sind dieselben im September 1850 zum Schutze der bedrohten Verfassung zur Anwendung gekommen. Und daß damals eine starke Schutzwehr für die Verfassung nothwendig war, hat der Erfolg nur zu vollkommen bestätigt.

Staatsmänner anderer Staaten werden sich allerdings in die eigenthümlichen kurhessischen Verhältnisse völlig hineindenken müssen, um Bedenken über die Zweckmäßigkeit der in Rede stehenden Vorschriften zu unterdrücken. Geben aber solche Bedenken überhaupt die Befugniß, diese in Kurhessen nun einmal als Recht begründeten Vorschriften aufzuheben? Welches Bundesgesetz untersagt derartige Normen in den Bundesländern? Welches Bundesgesetz gibt der Bundesversammlung die Macht, die Aenderung auf anderem als verfassungsmäßigem Wege zu fordern?

Wenn aber dennoch die Beseitigung solcher Vorschriften für nöthig erachtet werden sollte, so würde wenigstens nach der Ansicht des hessischen Ministeriums und der Bundescommissare, eine einfache Erläuterung der §§. 61 und 108 der Verfassungsurkunde genügen, um dieselbe auch in dieser Hinsicht auf das Niveau der meisten übrigen deutschen Constitutionen zurück zu führen.

Jedenfalls ist aber festzuhalten, daß die oben besprochenen Bestimmungen der kurhessischen Verfassung und die Beeidigung des Militairs auf die Verfassung sicher die einzigen sind, welche vom Standpunkte der

Bundesversammlung zu einem irgend begründeten Bedenken Veranlassung geben könnten.

Ueber Bedenken dieser Art wird man am leichtesten hinwegkommen, wenn durch Einsetzung eines Bundesgerichts eine neue anderweite Garantie für Aufrechterhaltung des Rechtszustandes in den Bundesstaaten geschaffen wird. Wir hoffen, daß der von der badischen Regierung gestellte Antrag zur Einsetzung eines solchen unabhängigen Gerichts mit genügenden Befugnissen Veranlassung geben werde.

Die gegenwärtige Sachlage.

Und hiermit sind wir denn auf dem Standpunkt angelangt, auf welchem die hessische Verfassungsangelegenheit sich augenblicklich befindet.

Es handelt sich vor Allem um eine eingehende Untersuchung, ob und welche Bestimmungen der Verfassung von 1831 als bundeswidrig zu betrachten seien. Eine Beantwortung dieser Frage ist, außer in der oben geschilderten Denkschrift, noch niemals von competenter Seite versucht worden. Der Bundesausschuß hat dieselbe, wie oben bemerkt, im Jahre 1852 ausgesetzt. In seinem neuesten Berichte ist er ganz darüber hinausgegangen.

Die gegenwärtige preußische Regierung hat das hohe Verdienst, zuerst dieselbe wieder in Anregung gebracht zu haben. Die Denkschrift derselben in der kurhessischen Angelegenheit ist eine That. Sie bezeichnet einen Wendepunkt in der Geschichte Deutschlands. Zum ersten Male seit 40 Jahren erhebt eine der leitenden Regierungen offen und entschieden ihre mächtige Stimme für das unterdrückte Recht eines deutschen Volksstammes. Zum ersten Male seit dem Bestehen des deutschen Bundes befreit sich Preußen von dem Einflusse Oesterreichs, der wie ein Alp auf Deutschland gelastet hat, in Fragen der innern Politik und schlägt einen selbständigen Weg, den geraden Weg des Rechts, ein.

Vergeblich suchen die Gegner der kurhessischen Verfassung auch jetzt wiederum eine nähere Prüfung derselben durch die Behauptung zu verhindern, daß diese Angelegenheit bereits durch Bundesbeschluß vom 27. März 1852, welcher die Verfassung von 1831 für unvereinbar mit den Grundgesetzen des Bundes erklärt und außer Wirksamkeit gesetzt hat, definitiv erledigt sei.

Sie treten hierdurch mit dem Inhalte dieses Bundesbeschlusses und dem Berichte des Bundesausschusses in Widerspruch.

Denn es handelt sich hiernach lediglich um eine Revision der Verfassung von 1831, rücksichtlich der angeblich mit dem Bundesrechte unvereinbaren Bestimmungen derselben. Es existiren nicht zwei Verfassungen, die eine von 1831, die andere von 1852. Sondern es besteht nur eine Verfassung, die am 5. Januar 1831 verkündigte, zu welcher im Jahre 1852 zahlreiche Abänderungen beantragt worden sind. Statt diese gewünschten Aenderungen einzeln zu bezeichnen, ist zum Zweck der Revision die Form gewählt worden, einen neuen Verfassungsentwurf vorzulegen, in welchem die aufzuhebenden Vorschriften weggelassen und die vorgeschlagenen Aenderungen aufgenommen sind.

Die Bundesversammlung hat zwar gestattet, diesen Revisionsentwurf einstweilen als Gesetz, nicht als Grundgesetz, zu publiciren. Es unterliegt aber nicht dem geringsten Zweifel, daß die Gültigkeit der Verfassung in der revidirten Gestalt nur eine provisorische, keine definitive sein sollte. Die Bundescommissare haben ausdrücklich der Bundesversammlung gerathen, nur „ihre vorläufige Zustimmung zu den beantragten Verfassungsänderungen zu ertheilen, die definitive Beschlußnahme aber vorzubehalten," bis die Stände gehört sein würden. Mit gleicher Entschiedenheit hat der Bericht des Bundesausschusses „die definitive Entschließung" über das Verfassungswerk reservirt, und auch der Bundesbeschluß vom 27. März 1852 spricht ausdrücklich nur von dem „Entwurfe der revidirten Verfassung," welchem die Bundesversammlung „zur Zeit nur im Allgemeinen ihre Zustimmung ertheilt, ohne über eine Billigung aller in demselben enthaltenen einzelnen Bestimmungen sich auszusprechen." Sie behält sich „die weitere Beschlußnahme" besonders vor.

Die Verfassung von 1831 ist zwar für unvereinbar mit dem

Bundesrechte erklärt, jedoch ohne Bezeichnung der einzelnen bundeswidrigen Bestimmungen. In dieser Hinsicht wurde vielmehr, wie oben erwähnt, im Jahre 1852 vorläufig die „vollständige Kritik" noch ausgesetzt. Der Ausschußbericht hebt dabei die Möglichkeit von „Zweifeln über die Grenzlinie der Bundeswidrigkeit," die Möglichkeit der Herstellung einzelner Bestimmungen der Verfassung vom 5. Januar 1831, welche „weder direct, noch indirect als dem Bundesrechte widerstreitend zu betrachten" seien und die Unzulässigkeit des Ausspruches, „daß diese Verfassung sofort und ohne Weiteres außer Wirksamkeit gesetzt sein solle," noch besonders hervor.

Es ist hiernach gewiß, daß rücksichtlich jeder einzelnen Bestimmung des Revisionsentwurfs, mag sie die Aufhebung oder Abänderung von Vorschriften der Verfassung von 1831 bezwecken, die Möglichkeit einer weiteren Berathung und Beschlußnahme offen geblieben ist. Es ist mithin auch gewiß, daß keine einzige Bestimmung dieser Verfassung schon definitiv aufgehoben oder abgeändert sein kann. Das schließliche Urtheil über das Revisionswerk schwebt noch. Die Frage, über welche der Bundestag gegenwärtig entscheiden soll, ist nach allen Seiten eine „offene."

So lange, wie das eingeleitete Revisionsverfahren dauern würde, sollte allerdings der vorläufig nur im Allgemeinen gebilligte Revisionsentwurf als Gesetz gelten, aber auch nur so lange, denn es war eine weitere Entschließung des Bundestags vorbehalten.

Die vorläufige Einführung der revidirten Verfassung als Gesetz ist nicht (und konnte nicht) kraft einer der kurfürstlichen Regierung beiwohnenden Berechtigung, sondern nur kraft der Autorität der Bundesversammlung geschehen. Denn — heißt es in der Denkschrift der Bundescommissare — „da die kurfürstliche Regierung bei den von ihrer Seite gegebenen feierlichen eidlichen Zusicherungen außer Stande war, beziehungsweise noch ist, einseitig die einmal zu Recht bestehende Verfassung abzuändern, so kann diese Revision auch nur in Gemäßheit der citirten bundesgesetzlichen Vorschriften durch Vermittelung der hohen Bundesversammlung erfolgen." Und der Bundesausschuß erklärt in seinem Berichte vom 6. März 1852 ausdrücklich: „der Ausspruch der Bundesversammlung stehe wie über dem landständischen Mitwirkungsrechte, so auch über dem landesherrlichen Gesetzgebungsrechte als eine höhere und unparteiische Instanz, welche nicht blos einen provisorischen Rechtszustand zu begründen das Recht hat, sondern auch diesen provisorischen Zustand in ein rechtmäßiges Definitivum hinüber zu führen berufen und verpflichtet ist."

Die Vertheidiger des Bundesbeschlusses vom 27. März 1852 müssen anerkennen, daß einzig und allein in den Machtbefugnissen des Bundes ein Rechtstitel*) für die gegenwärtigen Verfassungsverhältnisse in Kurhessen gesucht werden kann. Die kurfürstliche Regierung bestreitet zwar in ihrer neuesten Denkschrift diese „Obergesetzgebungsgewalt des Bundes." Das heißt aber nichts weiter, als dem Bundesbebeschlusse und der Verfassung von 1852 den Boden unter den Füßen wegziehen. In dem eingeleiteten Revisionsverfahren muß entweder die Competenz der Bundesgewalt zu Verfassungsänderungen anerkannt werden, oder das ganze Verfahren bricht als nichtig und wirkungslos ohne Weiteres in sich zusammen. Der Versuch der kurhessischen Regierung, zwar der Einleitung der Revision kraft der Bundesgewalt Wirksamkeit beizulegen, deren Abschluß durch dieselbe aber zu bestreiten, steht im offenen Widerspruch mit sich selbst.

Da die Verfassungs-Revision nur kraft der Bundes-Gewalt geschehen ist und geschehen konnte, da die Bundesversammlung durch Beschluß vom 27. März 1852 pos. 4 „dem Entwurfe der revidirten Verfassung zur Zeit nur im Allgemeinen ihre Zustimmung ertheilt hat, ohne über eine Billigung aller in demselben enthaltenen einzelnen Bestimmungen sich auszusprechen" und da sie nach pos. 6 „in Rücksicht einer Einwirkung auf eine definitive Erledigung der Verfassungsangelegenheit die weitere Beschlußnahme sich ausdrücklich vorbehalten hat", so läßt der (leider) einmal eingeschlagene Weg unbestreitbar nur die eine Möglichkeit zu, daß die Bundesversammlung jetzt entscheide, welche einzel-

*) Der freilich von unserem Standpunkte aus mehr als zweifelhaft erscheint.

nen Bestimmungen des Revisionsentwurfs definitiv zu Recht bestehen, welche wiederum beseitigt werden sollen.

Im Grunde genommen, stimmen alle Meinungen rücksichtlich des gegenwärtigen Abschlusses des Revisionswerks hiermit überein. Nicht allein die preußische Denkschrift. Auch die Anträge des Bundes-Ausschusses und deren Begründung beweisen, daß derselbe für die Bundesversammlung das Recht der definitiven Regulirung des Verfassungswerks (sogar in unerhörter Ausdehnung) in Anspruch nimmt. Die österreichische Denkschrift erklärt sich für eine fernere Berathung über vorzunehmende Aenderungen im Schooße der Bundesversammlung. Und diese selbst hat durch Beschluß vom 12. November 1859 zu demselben Zweck die Sache an den Ausschuß zurückverwiesen.

Die Differenz liegt nur darin, ob das verbriefte Recht Kurhessens, wie es 20 Jahre lang in anerkannter Wirksamkeit bestanden hat, ob das Bundesrecht bei den ferneren Beschlüssen des Bundestags zu Rathe gezogen, oder ob bei der schließlichen Revision nur nach regellosem Ermessen und willkürlichen Zweckmäßigkeitsrücksichten, wie sie der Bericht des Bundes-Ausschusses enthält, verfahren werden soll.

Die preußische Denkschrift stellt sich auf den Standpunkt des Rechts.

Die österreichische Denkschrift bekämpft die Berücksichtigung der Rechtsfrage. Das ist der ganze Kern ihrer kunstreichen, sophistischen Deductionen. Das ist der ganze Unterschied der Auffassungen der Regierung von Preußen und Oesterreich.

Es handelt sich nicht um eine veränderte Herstellung der Verfassung von 1831; denn auch Preußen will die „bundeswidrigen" Vorschriften aus derselben entfernt haben. Es handelt sich nicht um die unverkürzte Aufrechterhaltung der Verfassung von 1852; denn auch Oesterreich verlangt wesentliche Umgestaltungen derselben.

Es handelt sich nur darum, in welchem Geiste die vom Bunde eingeleitete Revision vollendet werden soll. Es handelt sich nur darum, ob es ein Recht des kurhessischen Volks giebt, welches Anspruch auf Berücksichtigung von Seiten der Bundesversammlung hat. Dies läugnet Oesterreich, zwar nicht mit Worten, aber durch die That. Oesterreich kennt nur ein Recht der kurhessischen Regierung. Der Zweck seiner Denkschrift ist einzig und allein, eine Prüfung der Frage zu verhindern, ob und welche Bestimmungen der Verfassung von 1831 mit dem Bundesrechte unvereinbar seien.

Der Zweck war im Jahre 1852, die kurhessische Verfassung ohne Prüfung ihres Inhalts verurtheilen zu können. Und der Zweck im Jahre 1859 ist derselbe geblieben.

Ziemt es der hohen Stellung der Bundesversammlung, Beschlüsse solcher Tragweite ohne irgend eine nähere Kenntniß ihres Gegenstandes, ohne irgend eine eingehende Untersuchung der Rechtsfrage zu fassen? Kann dadurch das Ansehen, das Vertrauen, die Dauer des Bundes gefördert werden?

Es klingt wie Hohn, wenn die österreichische Denkschrift in der Begründung ihrer Anträge von „Achtung vor dem bestehenden Rechte" spricht.

Es klingt wie Hohn, wenn Graf Rechberg, welcher selbst die Executionsarmee nach Kurhessen führte und jeden Widerspruch als Aufruhr mit kriegsgerichtlicher Verurtheilung bedrohte, von der Annahme und freien Mitwirkung des Landes bei dem Verfassungswerke redet.

Es klingt wie Hohn, wenn auf die Zustimmung der Stände Bezug genommen wird, nachdem die berechtigten Landstände durch Gewaltmaßregeln außer Thätigkeit gesetzt und ihre Organe mit Kriegsrecht und Festungsstrafen verfolgt worden sind, nachdem hierauf unter dem Namen von Ständen eine willkürlich zusammengesetzte Versammlung einberufen, nachdem kein Einverständniß mit derselben zu Wege gebracht, nachdem sodann wiederum auf neuen untergeschobenen Grundlagen eine zweite Versammlung geschaffen worden ist, nachdem auch diese Versammlung ihre Zustimmung nur zu bestimmten, als ein Ganzes zu betrachtenden Aenderungen ertheilt hat, von denen Regierung und Bundes-Ausschuß nur einen kleinen Theil billigen wollen, nachdem endlich — doch hiervon wußte freilich die österreichische Regierung zur Zeit ihrer Denkschrift nichts — die gegenwärtige Versammlung mit 38 gegen 5 Stimmen für Wiederherstellung der Verfassung von 1831 sich offen erklärt hat.

Das freilich ist wahr, daß das Revisionswerk im Jahre 1852 in einem andern Geiste und mit anderen Tendenzen begonnen worden ist, als jetzt von preußischer Seite dessen Vollendung erstrebt wird. Aber es ist nicht wahr, daß damals formelles, von der schließlichen Einwirkung des Bundes unabhängiges Recht geschaffen worden ist.

Nichts steht daher im Wege, daß die Bundesregierungen, wenn sie gegenwärtig (wie selbst Oesterreich durchblicken läßt) von einem neuen Geiste durchdrungen sind, denselben zur vollen Wirksamkeit beim Abschluß des Revisionswerks gelangen lassen. Durch keine verbindliche Rechtsnorm sind sie in der freien Beurtheilung des Verfassungswerks behindert.

So günstig liegt die Sache, trotzdem man den „unglückseligen"*) Bundesbeschluß vom 27. März 1852 als unumstößliche Grundlage des weiteren Verfahrens ansieht.

Aber es giebt einen Standpunkt höherer Gerechtigkeit, welcher nicht einmal den Fortbau auf den Grundlagen des Jahres 1852 gestattet. —

Wir haben in vorstehenden Blättern die Fundamente dieses Baues untersucht und gefunden, daß sie aus Unwahrheit, Trugschlüssen und Rechtswidrigkeiten locker zusammen gefügt sind.

Sobald die Bundesversammlung sich hiervon überzeugt, — und sie wird sich hiervon überzeugen, wenn sie das Revisionswerk nur eines forschenden Blickes würdigt, — fehlt die rechtliche und sittliche Möglichkeit, das begonnene Werk in der begonnenen Weise zu Ende zu führen.

Im Staatsrechte, wie im Privatrechte, gilt die exceptio sub- et obreptionis. Diese Einrede begründet die Verpflichtung zur Herstellung des durch unrichtige Voraussetzungen erschütterten Rechtszustandes.

Diese Verpflichtung berührt zunächst die Regierungen von Oesterreich und Preußen, weil deren Commissare dem Bundestage das unrichtige

*) Augsb. Allg. Zeit. 1859. Nr. 312. „Die Popularität in der kurhessischen Sache."

Material vorgelegt haben, aus welchem die bisherigen Maßregeln hervorgegangen sind.

Preußen insbesondere, dessen Commissar die größte Verantwortung rücksichtlich des Geschehenen auf sich geladen hat, ist berufen, das, was unter dem Namen seiner Regierung angebahnt, aber noch nicht durch einen verpflichtenden Staatsact zur vollendeten Thatsache und zum formellen Rechte geworden ist, mit Entschiedenheit zu desavouiren und offen zu bekennen, was offen vorliegt, daß in Kurhessen ein großes Unrecht der Sühne bedarf.

Preußen muß außerdem — im Interesse seiner staatlichen Selbstständigkeit — das Princip der Obergesetzgebungsgewalt des Bundes leugnen, auf welchem der Bundesbeschluß von 1852 ruht, wie dies ja selbst Kurhessen thut, nur mit dem entgegengesetzten Erfolge. Damit fällt die Verfassung von 1852 als rechtswidrig.

Das Ministerium Brandenburg hatte im Jahre 1850 unverhohlen durch Wort und That, namentlich in den bekannten Noten vom 12., 21. und 26. September 1850 die Rechtmäßigkeit der Handlungen des kurfürstlichen Ministeriums in Zweifel gezogen, dasselbe auf den „noch zu betretenden friedlichen Weg des Rechts verwiesen" und gewarnt „nicht durch eigenes Unrecht die Gegner zum Unrecht aufzurufen" und „das Gefühl der Unsicherheit des Rechtszustandes" zu steigern ꝛc. Ein Mitglied dieses Ministeriums nahm zwei Monate später keinen Anstand, seine Politik vollständig zu ändern, und, während kurz vorher das kurhessische Volk durch die officiellen Aeußerungen des Ministeriums und seiner Organe im Bewußtsein seines guten Rechts bestärkt worden war, dessen Widerstand für revolutionär zu erklären und unverhüllt die eingetretene Wendung in der Kammer mit den denkwürdigen Worten anzukündigen: „Wir haben mit der Revolution gebrochen."

Die gegenwärtige Regierung von Preußen nimmt nicht die Ehre in Anspruch, Trägerin der Grundsätze und Regierungsmaximen der Vorgänger im Amte zu sein; sie ist durch keine eigenen Handlungen und Erklärungen engagirt; sie hat offen das Banner Sr. königlichen Hoheit des Prinz-Regenten, das Banner des Rechts, entfaltet und dessen Verheißung der „Befestigung gesicherter Rechtszustände auf dem ganzen Bundesgebiete“ verkündigt. Es ziemt ihr in der kurhessischen Sache den Gedanken, welcher der wahre Angelpunkt ihrer Handlungen ist, klar und entschieden auszusprechen: „Wir haben mit dem Unrecht gebrochen!“

Kaum hat die preußische Regierung die kurhessische Verfassung von 1831 als die Rechtsgrundlage anerkannt, so haben sich alsbald auch einige der ihr widerstrebenden Regierungen bewogen gefunden, zwar nicht das rechtliche Fundament zu theilen, aber aus Zweckmäßigkeitsgründen der das möglichsten Erhaltung von Bestimmungen der Verfassung von 1831 Wort zu reden. Diese Vermittlungsvorschläge der Mittelstaaten sind verwerflich; denn es handelt sich nicht um Einzelheiten der Verfassung von 1831, sondern um die Verfassung als ein Ganzes, nicht um Zweckmäßigkeit, sondern um Recht. Aber diese Wirkung des preußischen Entschlusses ist lehrreich. Weiset die preußische Regierung für den Fall, daß ihre Deutung des Bundesbeschlusses von 1852 bestritten wird, mit Entschiedenheit darauf hin, daß derselbe, wenn er anders zu deuten sein sollte, nach Art. X der W. Schl. A. vollkommen nichtig sei und stellt sie in Aussicht, denselben als solch nichtigen Beschluß zu behandeln, dann werden die widerstrebenden Regierungen sofort die preußische Rechtsansicht adoptiren.

Das walte Gott! Er schütze Deutschland und deutsches Recht und mache seine Feinde zu Schanden!

Leipzig,
Druck von Giesecke & Devrient.

FSC
www.fsc.org
MIX
Papier | Fördert gute Waldnutzung
FSC® C083411

Kolibri 360 GmbH
Ferdinand-Jühlke-Straße 7
99095 Erfurt, Deutschland
produktsicherheit@kolibri360.de